# 如何炼成"笔杆子"

武恩智 著

中央党校出版集团
国家行政学院出版社
NATIONAL ACADEMY OF GOVERNANCE PRESS

图书在版编目（CIP）数据

如何炼成"笔杆子" / 武恩智著 .—北京：国家行政学院出版社，2024.3
ISBN 978-7-5150-2835-4

Ⅰ.①如… Ⅱ.①武… Ⅲ.①公文—写作 Ⅳ.① H152.3

中国国家版本馆 CIP 数据核字（2023）第 231049 号

| 书　　名 | 如何炼成"笔杆子" |
|---|---|
| | RUHE LIANCHENG "BIGANZI" |
| 作　　者 | 武恩智　著 |
| 责任编辑 | 陈　科 |
| 责任校对 | 许海利 |
| 责任印制 | 吴　霞 |
| 出版发行 | 国家行政学院出版社 |
| | （北京市海淀区长春桥路 6 号　100089） |
| 综 合 办 | （010）68928887 |
| 发 行 部 | （010）68928866 |
| 经　　销 | 新华书店 |
| 印　　刷 | 中煤（北京）印务有限公司 |
| 版　　次 | 2024 年 3 月北京第 1 版 |
| 印　　次 | 2024 年 3 月北京第 1 次印刷 |
| 开　　本 | 170 毫米 ×240 毫米　16 开 |
| 印　　张 | 11 |
| 字　　数 | 124 千字 |
| 定　　价 | 38.00 元 |

本书如有印装质量问题，可随时调换，联系电话：（010）68929022

# 目录 CONTENTS

001　前　言

**001　一、如何看待写材料**
004　（一）写材料是一种苦差和磨炼
009　（二）写材料是一种能力和本领
009　（三）写材料是一种欣赏和享受
010　（四）写材料是一种职业和责任
011　（五）写材料是一种成长和阶梯

**013　二、如何尽快入门**
016　（一）勤学善悟
019　（二）掌控情况
019　（三）收集材料
022　（四）深度思考
024　（五）模仿借鉴
025　（六）向"高手"求教

| 025 | （七）要有"三不怕"精神 |

| 029 | 三、如何谋篇布局 |
| 031 | （一）材料整体要做到结构完美 |
| 034 | （二）材料内容要做到形神和谐 |
| 037 | （三）材料布局要做到逻辑清晰 |

| 039 | 四、如何写好四种常用文体 |
| 041 | （一）领导讲话 |
| 056 | （二）工作汇报 |
| 061 | （三）典型发言 |
| 063 | （四）调研报告 |

| 069 | 五、如何修改材料 |
| 072 | （一）改的内容 |
| 073 | （二）改的态度 |
| 076 | （三）改的方法 |

| 081 | 六、如何提高材料品质 |
| 083 | （一）不讲过时话，要与上级精神符合 |
| 084 | （二）不讲过头话，要与会议目的符合 |
| 085 | （三）不讲题外话，要与领导意图符合 |
| 085 | （四）不讲外行话，要与实际情况符合 |
| 085 | （五）不讲难懂话，要与受众能力符合 |

| | | |
|---|---|---|
| 087 | | 七、如何避免差错 |
| 089 | | （一）关于材料中称呼问题 |
| 091 | | （二）关于领导体制表述问题 |
| 091 | | （三）关于常识错误问题 |
| 092 | | （四）关于避免错别字问题 |
| | | |
| 095 | | 八、如何把公文写成美文 |
| 101 | | （一）以情动人 |
| 103 | | （二）以言悦人 |
| 104 | | （三）以景感人 |
| | | |
| 107 | | 九、如何保持良好心态 |
| 109 | | （一）保持学习心态 |
| 113 | | （二）保持年轻心态 |
| 113 | | （三）保持平等心态 |
| 114 | | （四）保持低调心态 |
| 115 | | （五）保持健身心态 |
| 116 | | （六）保持平常心态 |
| | | |
| 121 | | 附　录 |
| 123 | | 领导干部要学政策懂业务 |
| 131 | | 领导干部要有昂扬奋进的精气神 |
| 146 | | 领导干部要有坚决的执行力 |

# 前　言

公务员怎样才能炼成"笔杆子",这是个大题目、难题目。很多公务员都会写材料,天天都在写材料,提起材料,"欲说还休,往事涌心头"。但系统讲一讲怎样写材料,怎样写好材料,又很难讲透、讲精彩,况且材料的好与差,仁者见仁,智者见智,也就是古人说的"文无第一,武无第二"。下面我就把这些年来从事文字工作的一些经验体会与大家一起交流,一些酸甜苦辣与大家一起倾诉,一些所思所悟与大家一起分享。

我从山东省德州市齐河县祝阿镇政府参加工作后,在县公安局、县委办公室、市委办公室、市委组织部工作时,撰写了大量文字材料,做了许多以文辅政的工作。担任领导干部后,无论是在县里还是在市里,所有的讲话、汇报、调研、发言,我基本都是自己动笔,与文字材料结下了不解之缘。参加工作几十年来,我始终笔耕不辍,一直没有放下手中的这支笔,可以说依靠材料做成了一点事情,依靠材料取得了一点成绩,依靠材料获得了一点进步。"偷得浮生半日闲",理一理写材料的那些事,借用张学友的一句歌词:"一路上有你,苦一点也愿意。"我近几年用尽墨水的笔和写材料的手稿颇有规模,并且笔和手稿每天都在增加。看到这些,我时常被自己感动。

"笔杆子、枪杆子,干革命就要靠这两杆子","共产党是要左手拿传单、右手拿枪弹才可以打倒敌人的"。毛泽东的这些话生动鲜明地概括了写作对于一个政党进行革命、一个国家进行建设的重要性。拿破仑说："世界上只有两种强大的力量，那就是刀枪和思想。从长远看，刀枪总是被思想所战胜。"枪杆子是实力、武器、行动；笔杆子是战略、策略、思想、方法。中国革命的胜利靠的是毛泽东思想，从一定程度上说，也靠的是毛泽东的一支笔。他从不带枪，却须臾不可离笔，天天写字行文，一生中留下了1000多万字的讲话、电报、诗词等文献，无论战绩还是军事理论都远远超过了西方四大名将（希腊的亚历山大、迦太基的汉尼拔、罗马的恺撒、法国的拿破仑）之和。1000多万字是多少呢？是《三国演义》73万字、《西游记》82万字、《水浒传》96万字、《红楼梦》107万字，共计358万字的3倍之多。这就是人们常讲的毛泽东用笔杆子打败了蒋介石的枪杆子。

1936年12月，毛泽东在《临江仙·给丁玲同志》中有这样两句："纤笔一枝谁与似？三千毛瑟精兵。"邓小平同志指出："拿笔杆是实行领导的主要方法。"[①]鲁迅的文章亦被称作匕首和投枪，范长江在《纪念鲁迅》中说："手无寸铁兵百万，力举千钧纸一张。"新华社老社长郭超人就告诫同人："记者笔下有财产千万，记者笔下有毁誉忠奸，记者笔下有是非曲直，记者笔下有人命关天。"拿破仑有句名言："新闻记者的一支笔，顶得上十万毛瑟枪。"可见笔杆子之重要。一个人，尤其是机关公务员，能有一手好文笔、写一手好材料、炼成个"笔杆子"，成为人们所说的"秀才"，已经成为踏进机关大门的"金钥匙"、安

---

[①]《邓小平文选》（第一卷），人民出版社1994年版，第145页。

身立命的"金刚钻"、体现能力的"撒手锏"，变为单位不可或缺之人的好办法。

现在大家普遍感觉到材料越来越多，我分析，主要有九个方面原因：一是目前工作任务越来越重导致材料越来越多；二是机关分工越来越细导致材料越来越多；三是工作越来越规范导致材料越来越多；四是考核评比、检查总结越来越严格导致材料越来越多；五是各种活动开展的频次越来越高导致材料越来越多；六是各种学习谈体会心得、各种会议要求写汇报导致材料越来越多；七是领导讲话要求越来越高，材料反复修改，不到用时不定稿，导致材料越来越多；八是许多材料写成后又要制作成PPT，大大增加了工作量，导致材料越来越多；九是机关中会写材料、愿写材料的人越来越少，导致能写材料的人感觉材料越来越多。

据我观察，现在机关上的大部分公务员，面对越来越多的材料，从主观来讲，有三方面原因：一是不愿写，因为太辛苦；二是不会写，因为能力不足；三是不敢写，因为思想害怕。综合分析当前机关材料中存在的问题，主要有两大方面：

从材料内容来讲，弊病丛生：一是内容空，有形无神，假大虚飘，内容空泛，不着边际；二是篇幅长，洋洋万言，主次不分，平均用力，资料堆集，平铺直叙；三是论述乱，不分内容，不看对象，论而无纲、论而无据、论而无果，毫无作用；四是抄袭多，没观点没创新，不分时境变化，不分场合变更，照抄照搬，"批发"文字；五是同质化，一接受任务，不是先去调查，深入了解，掌握事实，分析研究，而是先从网上找相关的内容，胡乱拼凑，导致写的材料千篇一律，没有新意，这个地方、这个单位、这个时期能用，那个地方、那个单位、那个时期也能用；六是言无物，结构形式漂亮气派，遣词造句对仗完美，乍一看写得不错，仔细看什么事也没阐明，什么理也没讲清，人们看完后茫然不知所云。

从材料语言来讲，问题成堆：一是正确的废话，就是那些你挑不出毛病也抓不住把柄但却毫无意义的话；二是漂亮的空话，就是说多说少一个样、说与不说一个样没有营养的话，就是原则来原则去不切实际的话，就是云里来雾里去不得要领的话，就是看似抢眼、实则空泛没有内容的话；三是严谨的套话，就是那些形成固定语言模式的套话、因循惯例的套话、配套成龙的套话；四是违心的假话，迎合上级，讨好领导，数字不准，事实不清；五是自创的错话，自编自写，自创自说，自己明白，别人糊涂，语法不通，土话连篇；六是陈旧的老话，"文以载道"，时代已发展，情况已变化，人事已更替，但仍用老话、旧话、陈话、过时话。

列夫·托尔斯泰有3句著名的话：什么事最重要？眼前正在做的事最重要。什么人最重要？坐在眼前的人最重要。什么时间最重要？此时此刻最重要。所以，此时此刻最重要的事，就是集中精力，认真阅读我给大家总结的写材料的重要体会与经验。

# 一 如何看待写材料

## 如何看待写材料

从事文字工作，俗称"写材料""爬格子"。一个"爬"字形象地说出了这项工作的寂寞、艰辛、劳苦，像蜗牛一样爬行，像水牛那样耕作。他们是默默无闻地干着轰轰烈烈事业的一群人，这群人办会不开会，谋事不主事，说话不讲话，写字不签字，出力不出名，称为"秀才""笔杆子"，单位领导厚爱一层，社会人们高看一眼，同事自嘲加班一族。可写材料又是公认的苦差事，人称"六水干部"：喝墨水、费脑水、流汗水、尿黄水、吐苦水、没油水。也有人说，"世上有四苦，撑船打铁磨豆腐，还有写材料的小秘书"，即写材料是世上第四大"苦差事"。"写材料，被人笑；手起泡，头发掉；耗烟草，费灯泡。""一入材料门，从此断红尘。"还有人说写材料的不是一般人，一般人不愿干，一般人干不了，干的人不一般。这般人是"政治上的红人，工作上的忙人，经济上的穷人"。有人戏言，"洛阳亲友如相问，就说我在写材料""举头望明月，低头写材料""春眠不觉晓，醒来写材料""人间四月芳菲尽，我仍在加班写材料"等，这些话虽是调侃戏言，但很贴切。所以写材料必须有吃苦的思想和心理准备。因为苦，所以人们不愿吃；因为难，所以人们不愿干。恕我直言，如果你累得颈椎增生、腰椎突出、弯腰驼背、肩膀发胀、大脑缺氧、失眠多梦、眼圈发黑、脸色发黄、浑身无力、食欲不振、神经衰弱，努力到无能为力，拼搏到感动自己，那么你的材料也快成熟了。怕吃苦、坐不住、熬不起、不动脑是写不出好材料的，也永远不会成为高手，因为没有人会随随便便成功。"看似寻常最奇崛，成如容易却艰辛。""鸭子定律"告诉我们：安逸需要底气，悠闲需要实力。你只有十分努力，看起来才会毫不费力。人生并无捷径可言，最好的贵人就是努力的自己。如果说失败是成功之母，那么吃苦熬夜是当好文字秘书之母。"伟大都是熬出来的""多年的媳妇熬成婆"，这两句话用在写材料上是最贴切不过了。

## （一）写材料是一种苦差和磨炼

磨炼是人生必修课，也是人生试金石。俗话说："刀不磨不锋利，人不磨不成器。"古语有云："物有甘苦，尝之者识；道有夷险，履之者知。"

首先，写材料之苦表现在十分劳心费神上。写材料的人大脑每天都要高速运转，没有空闲时候，一旦有任务，就会昼思夜想，茶饭不香，压力倍增，犹如一块沉甸甸的石头压在了心上，走路的时候在想，吃饭的时候在想，连睡觉的时候也在想，半夜时分突然有了灵感，再困再累也得爬起来记在纸上，生怕一觉醒来忘了。习近平同志在《秘书工作的风范——与地县办公室干部谈心》一文中指出："办公室每一位同志都是很辛苦的，整天有干不完的事，经常加班加点，甚至通宵工作。连星期六也难以休息。赶写材料的秘书更辛苦，工作强度很大，超过了一般部门的工作量。东汉刘桢的两句诗'驰翰未暇食，日昃不知晏；沉迷簿领间，回回自昏乱'把秘书人员埋头文稿，忘记用饭，不知早晚，头昏眼花的状况描写得十分形象。"由此可见习近平同志对机关工作的酸甜苦辣非常了解和体谅。

其次,写材料之苦表现在大多是硬憋的命题作文。材料包括各种题材、各种内容,特别是党委、政府办公室从事综合材料的同志,涉及工业、农业、服务业、党建、维稳等各个方面,不可能什么都懂,什么都精通,有时候领导安排的许多材料都是"命题作文",自己从来没写过,这方面情况也不熟,但硬着头皮也要向前。这时就要四处找素材、找观点、找例子、找数字,有时枯坐半天,绞尽脑汁,难得一字,急得抓耳挠腮扯头发。大家可能会发现,许多常年写材料的人都是佝偻着身子,身材瘦削,基本没有大胖子。但不管怎么样,你得想方设法完成任务,有时候即使自己感觉写得不是很满意,等到领导催着要时也必须交稿。从1941年到1966年做了毛主席25年秘书的胡乔木一小时完成毛主席命题社论《苏必胜,德必败》的故事,想必大家知道。1941年6月22日,《解放日报》才创刊一个月,苏德战争爆发,世界震惊。毛泽东密切关注苏德战争发展态势,在深思熟虑之后,决定6月28日在《解放日报》发表一篇社论,题目就叫《苏必胜,德必败》。这一天,毛泽东把胡乔木叫到办公室,将自己的想法告诉了他,毛泽东习惯性地点起一支香烟,深深地吸了一口说:"乔木,你给《解放日报》写一篇社论,题目就叫《苏必胜,德必败》。我先说说我的想法,供你参考。"[1]按照毛泽东的要求,胡乔木立即在隔壁的窑洞动笔写作,毛泽东就在那里等着。真是一个"快枪手",胡乔木只用了一个小时就把稿子赶出来了。

---

[1] 丁晓平:《中共中央第一支笔——胡乔木在毛泽东邓小平身边的日子》,人民出版社2019年版,第55页。

毛泽东看了看，只稍作修改就同意立即送到《解放日报》，第二天就发表了。这是胡乔木第一次接受毛泽东下达的写作任务，不仅时间紧，而且题材重大，完全是一个命题作文。

再次，写材料之苦表现在经常加班熬夜上。党政机关的材料都有时间要求，多数都是急活，有严格的时间约束，有时一份材料必须在几天，甚至一两天、一个晚上撰写出来。一旦遇到要紧急上报或向下传达的重要事项，或上级领导来调研或来检查指导工作，由接受任务开始到起草成文，必须在几小时甚至一两个小时之内撰写完成，容不得起草者寻找"灵感"或等"灵感"来了才写。

1951年5、6月间，胡乔木因胃穿孔动了大手术，还在休养康复之中，刘少奇同志来找他，专请胡乔木代为起草庆祝"七一"的报告。胡乔木欣然从命。那时已跨进6月中旬，稿子写完后，还要留出时间让刘少奇和中央其他同志审阅，真是太紧了。而那年6月，北京的天气特别热，外面热，家里好像更热，坐在那里不动都是一身汗。当时条件差，家里连电风扇都没有。胡乔木冒着酷热，白天黑夜地写。夫人谷羽看他热得满头大汗，就找了把蒲扇为他扇风，但扇出的风也是热风，衬衫让热汗浸泡得可以拧出水。实在不行，就托人从中南海西门外的冰库搞来几大块冰，放在盆里，摆在他椅子周围，给他降温。冰化得很快，只能缓解一时，但写材料却是一项大工程。胡乔木后来想出一个办法，把化成了水的冰水放在大浴盆里，他就让谷羽在大浴盆上搁一块木板，他干脆坐在水里写，夜以继日，奋笔疾书，前后花了一个星期，写出了长篇党史《中国共产党的三十年》。初稿写出来，共有3.2万字，经毛主席、刘少奇等领导同志多次修改，整个著作共5.2万字。毛主席对稿子非常满意，在送审稿上批示：此文以胡乔木名义在《人民日报》发表。① 从此这位被邓小平称赞"中共中央第一支笔"的胡乔木又以中共党史专家闻名天下。可见，机关材料写作的时间限制是多么紧。

我26岁在齐河县委办公室担任秘书科长和综合科长时，因齐河县与山东省省会济南市隔黄河相望，彼此间只有十几公里的距离，所以省委、省政府和省直部门领导经常到齐河，许多情况下又都是临时通知，县委的讲话、发言、汇报、典型等材料是一个接一个，很多材料任务都是压茬进行，这个材料还没写完，那个材料任务又来了，只能分轻重缓急，淡季不淡，旺季更旺，有时明天开会，黑天前才告诉你，有时上级领导下午来，上午才通知你。怎么办？只能是挑灯夜战连轴转，一日三餐方便面。加班是常态，不加班是例外。睡梦中被叫醒、饭桌上被叫走、旅途中被叫回的情景屡见不鲜。况且那时没有电脑没有空调，都是手写，5+2、白+黑、8+4，甚至几天几夜不睡觉也是常事。对此，我在办公室准备了电饭锅，晚上12点后饿了自己熬稀饭、下面条。当时才二十几岁，倚仗身体好，没有累垮，才熬过来了。由于长时间超负荷加班，我1.78米的身高，那时体重只有63公斤。我在市委办公室和市委组织部工作时撰写的大量材料，大部分手稿我走到哪儿带到哪儿，至今还保留着，不忍弃之，现在看着，睹物思情，当时情景恍如昨日，过去往事历历在目，既欣慰又心酸。想想真是"淡素之文存苦涩，苦涩之文犹回味"。我的视力大学毕业时是1.5，现在是近视400°，还有100°的散光。在这种情况下，虽吃苦受累，身心疲惫，但提高了文字水

---

① 丁晓平：《中共中央第一支笔——胡乔木在毛泽东邓小平身边的日子》，人民出版社2019年版，第228—229页。

平，磨炼了意志，现在再加班熬夜感觉很正常，成为一种自觉行动。就像人们常说的那样：现在人们没有人愿意吃苦，但人们往往把以前吃苦的经历津津乐道地向世人诉说，而那些幸福、平淡的时光都遗忘殆尽。人的一生中总有忘不掉的岁月，给你留下无限美好的回忆。我的这些美好回忆就镌刻在这些方块字中。2021年，我撰写的《领导干部要学政策懂业务》《领导干部要有昂扬奋进的精气神》《领导干部要有坚决的执行力》《关于把德州建设成为"冀鲁边现代化区域中心城市"的建议》《关于德州大力发展通道经济的建议》等5篇文章共7万余字，均是晚上和周末加班手写完成的，有时自己在办公室熬夜到凌晨2点。这些文章市委、市政府主要领导均作了阅示，被许多市直部门和县市区作为班子集体学习材料；有的还转发到乡镇和县直部门；德州学院印成小册子，发到学院每个中层领导手中。其中《领导干部要学政策懂业务》一文有7000多字，我上午11点发过去，下午3点多即被《人民日报》的人民论坛网一字不改登载。第二天，学习强国、新华网、新浪网、文明网、今日头条等纷纷转载，仅新华网一天的点击量就达58万次，第2天达到113万次。《领导干部要有昂扬奋进的精气神》一文，《德州日报》根据市委主要领导批示精神全文刊登，多家报刊转载。《领导干部要有坚决的执行力》一文，2022年3月3日《德州日报》在头版作了导读，三版整版全文刊登，德州电视台新闻联播、德视评等分10个专题连续10天播放，市直许多单位作为干部学习资料，多家报刊转载。《关于德州大力发展通道经济的建议》写入市委全委会决议，成为许多经济部门和县市区学习参考资料。所以我说，只要无怨无悔持续不断地默默付出，总有一天会脱颖而出。

### （二）写材料是一种能力和本领

会写材料是机关干部的看家本领，是一个人在机关工作的核心竞争力，是"芯片"，没有这个本领，在机关工作是没有发展余地的，起码不是合格的机关干部。在机关，不会写材料是一个"硬伤"，会限制你的发展。写好材料的人是一种稀缺资源，因为清苦而稀缺，因为稀缺而珍贵。会写材料的人一般思考问题缜密、遇到问题淡定、分析问题透彻、处理问题得体、汇报问题清晰。为什么？因为写材料的过程就是研究工作的过程，就是从政策上考虑问题、从全局上观察问题、从事物的内在联系分析问题的过程，在这种氛围中熏陶，领导水平和处事水平会在不经意间得到提高，在日日受用而不知中得到提升，为明天"天将降大任于斯人也"奠定了扎实基础，并且在自己担任领导干部后，把能讲会写作为一种重要的领导能力，从而受益终生。

### （三）写材料是一种欣赏和享受

写材料过程是煎熬苦闷、枯燥单调的，但一旦文字成为领导讲话、重要文件、重大决策部署，甚至出现在上级领导的案头，见诸媒体时，这种心态就会及时得到调整，感觉一下子实现了马斯洛需求层次理论第五个"自我实现"层次。所以，搞文字工作的人心态一定要好，平时所写材料虽不能署名，但因为有你参与而满足；平时所付艰辛虽不能评功摆好，但因为有你奉献而自豪；平时所隔离的亲情虽不能弥补，但因为一个地方一个单位脉搏里有你智慧的火花而闪耀。就像泰戈尔诗中所描绘的那样："天空不曾留下鸟的痕迹，但我已经飞过。"有一种工作，没有经历就不知其中的艰辛，有一种艰辛，没有体会就不知其中的快乐，说的就是文字工作。正所谓"时人不识余心乐"，各人有各人的乐趣。因为学习是美丽的，工作是幸福的，团结是愉快的，自律是自由的。写材料就是幸福的、快乐的。当认识达到一定层次后，你就会自觉加班，愿意加班，从中寻找乐趣，寻找快感，寻找存在感。因为每天早上叫醒你的不是闹钟，而是梦想。

## （四）写材料是一种职业和责任

"文秘"，这个"文"字拆开看，就是"道义"的"义"横着"一条扁担"，这个"秘"字拆开看，就是一个"禾"一个"必"，连起来就是写材料的人是"担道义，必有米"。所以只要写好材料，就有好收成、好结果。正如明代著名画家、书法家、诗人唐寅，即人们熟知的唐伯虎所言："铁肩担道义，生为人杰；巨笔著文章，死亦鬼雄。"同时，我国自古就非常重视文字工作，唐宋选拔官吏把"身、言、书、判"作为考核标准，即身材相貌、言辞谈吐、书写文字、撰写判词。汉朝时，皇帝身边有"六尚"：尚衣、尚食、尚冠、尚席、尚浴和尚书。"尚"是掌管的意思，前面几"尚"管的是衣食住行等生活方面，尚书负责的是皇帝的文案，开始职权地位并不高，但是随着历史的演变，"六尚"中其他"五尚"逐渐演变为内官，大都成为太监宫女的职责，唯独尚书成为朝廷重臣。到唐宋时期，中央政府设三省六部，有尚书省、中书省和门下省，尚书省是政府里最高、最大的行政机构，下设吏部、户部、礼部、工部、刑部、兵部等六部尚书，持续了一千多年，对中国政体产生深远影响。宋代设翰林学士，是专门为皇帝起草诏书的。明清两代设翰林院编修，科举三甲一般要先做这项工作，也就是先做文字编修工作，才能在仕途上进一步发展。所以从古至今，写材料既是一种职业，一种谋生的手段，更是一种沉甸甸的责任。

## （五）写材料是一种成长和阶梯

机关材料既述说着机关的"成绩"，又代表着机关的"形象"；既担当着机关的喉舌，又成为机关连接各方的纽带。每一个地方和单位的领导都非常重视材料工作，重视那些能写会写的"笔杆子"们。我发现，越是上级单位，职务越高越重视材料。目前机关公务员的工作主要是办文、办事，现在能办事、愿意办事的人很多，最不缺的就是这些人；能办文、办好文的人却很少，最缺乏的就是这些人。我统计了一下，近几年遴选公务员，不管是中直机关、省直机关还是市直机关，综合文字岗位占总人数均超过40%。可见各级、各单位都缺能写好材料的人。因为人多，不容易显山露水；因为人少，很容易脱颖而出。在一个单位、一个部门，特别是年轻人，业务再好、能力再强，上面有副科长、科长、分管领导，一般人很难与主要领导见上面，更不用说汇报工作了，你的才能也很难体现，你这匹千里马更难被伯乐发现。但写材料的人则不然，大部分领导一般会直接把材料安排给写材料的人，尤其是他的讲话。这样你就有大量的机会零距离接触领导，你对他的思想、品德、爱好、工作方法就会把握领会得很准、很透，你的才能也会很快、很直接地被领导发现。况且，你经常与领导在一起讨论材料、研究工作，耳濡目染、耳提面命，有好事他首先会想到你，也就是写材料的人"吃苦不吃亏""吃苦又吃香"。这是一种最笨的法，也是一条最短的路，更是一条逆袭的路，还是一条安全的路。我认为，每个人都有一个觉醒期，但觉醒期的早晚决定个人的命运。所以希望大家特别是年轻人，放下那颗浮躁的心，拿起你手中的笔，认真地学一学怎样写好材料。有人说，一个人改变不了自己的过去，但通过努力可以改变自己的未来。因为越努力越幸运。怎样改变？写好材料就可以改变，从这个意义上讲，知识改变命运，材料改写人生，特别是"草根"出身、只有背影没有背景的农家子弟，如果说高考可以使你从黄土地上挣扎出来，那么写好材料可以使你从芸芸众生中脱颖而出、快速成长起来。

# 二 如何尽快入门

现在机关的公务员学历都很高，大部分是本科以上学历，市级机关近几年新考选的都是硕士以上学历，少数还有博士，县级机关是本科以上学历，就是乡镇一级，起码也是大专以上学历。学历代表过去，学习能力才代表将来。无论是博士、硕士还是本科生，无论是学文的还是学理的，要想写出像样的材料，即使再有基础、有天赋、有热情，没有高手传帮带，没有三五年时间，也很难办到。"老虎吃天无从下口""感觉良好眼高手低"是一大批年轻同志的通病。为什么会出现这种情况，我认为原因有四：一是阅历较浅。从校园到机关缺乏对火热生活的体验和对复杂社会生活的全面理解，思想、知识、经验达不到一定的程度，无法构架起综合文字所必备的精、气、神。二是学用脱节。不少同志没有直接从事机关文秘工作的经验，虽满腹经纶，高谈阔论，但飘在空中，不接地气，造成所学知识与现实生活脱节，学的没用，用的没教，教的不会。三是无人点拨。自己硬憋、硬造、硬磨，周围没有会写或写得好的人，自己虽然写得不行，但还孤芳自赏，沾沾自喜，自以为是，认为自己就是单位写材料最高水平了，在这种情况下，水平很难突破。四是缺乏实战。"文贵于精，精在于炼。"特别是党政机关文字材料，不是讲风花雪月，也不是无病呻吟，而是要通过正确的思想和工作方法，动员人、指挥人、提高人、改变人，目的是统一思想，指导工作，促进决策落实。要使材料提高到一定层次和高度，既要靠勤奋学习、长期磨炼，更需要掌握技巧，有人点拨，才能快速成长，有一个质的飞跃。

## （一）勤学善悟

写材料的人员，党委、政府一般放在办公室或政研室，单位和部门一般放在办公室，办公室又放在下属的秘书科或综合科。办公室的具体职责就是"三服务"（原来是服务领导、服务基层、服务群众，现在改为服务发展、服务决策、服务落实）。它是一个单位的门面和窗口，是联系左右、承上启下的纽带和桥梁，工作千头万绪、事无巨细、新急杂难、活多事重、天忙月累，是"24小时不打烊的部门"，平时难以集中时间系统学习。

因此，首先要保持学习的韧劲。据研究，无论干什么工作，应该具备与之相匹配的职业特质，当一个人的职业特质与职业方向、职业梦想相符合时，他会对职业产生更大的兴趣，更会愿意付出、愿意投入，更容易做出成绩。例如篮球队选拔球员要求身高至少达到190厘米，体操运动员身高一般在160厘米左右，宇航员身高在160～172厘米之间，且体重不能超过70公斤，而有些公务员的某些特质会更适合写材料，这些特质不在身高，也不在体重，更不分男女，而是喜欢学习钻研的特质。因此，要想学好写材料，就必须时刻把学习挂在心上，挤时间看书看报、上网阅读，把学习巧妙地寓于工作之中，在学习中干好工作。据有关方面统计，2022年我国成年人每天读书时间仅为20.04分钟，而看手机的时间达3小时16分钟。碎片化的内容过于娱乐、缺乏逻辑、没有体系、不便记忆、无法思考。我在德州市住建局工作时做过一个调查，发现全市387家开发公司、1627家建筑公司共2014个老板，平均文化程度还不到高中，没有一个全日制的大学生。同时，据我观察，写好材料的人大部分学历都不高，也没有上过什么名牌大学或学习中文专业。为什么学历不高的当了老板或成为写材料高手？原因是，有时候财富拥有多少与知识无关，材料写得好差与学历无关。因为写好材料是一个很复杂的脑力劳动，是一个高级技术活，它需要深厚的文学修养、扎实的理论功底、丰富的人生阅历、较强的分析解决问题的能力、娴熟的驾驭文字水平等综合素质，没有几年、十几年甚至几十年的功夫很难达到一定高度。书痴者文必工，艺痴者技必良。我有时开玩笑说："十万个农民工好找，找一个写好材料的很难。"所以大家是什么学校毕业，学的什么专业，只能代表你的学历高低和文化基础，跟写材料关系不大。大家工作后必须持续不断地学习。"躲进小楼成一统，管他冬夏与春秋。"抗干扰、排诱惑、耐寂寞、忌浮躁，沉入文海，潜心研究。功夫不负有心人，到了一定时候，就会一鸣惊人。网上曾流行一个数学公式：$1.01^{365}=37.8$，$0.99^{365}=0.03$。1.01就代表每天多努力一点点，坚持一整年，人就会取得飞跃的进步；而0.99则代表每天懈怠一点点，放纵一整年，能力水平就会被打回原点。我们正常人的智商大部分在90～110分之间，130分的只占3%，被称为天才，霍金达到160分，称为超人。北大数学天才韦东奕，江湖人称"韦神"。但"韦神"很勤奋，标配是左手提着1.5升的矿泉水瓶，右手拿着两个馒头，就是在食堂排队打饭或坐公交车都在学习，甚至有人评价"看之前都觉得他是傻子，看完后才发现自己是傻子"。据传，一位北大教授说："在北大，学生数学题不会做可以问我，我不会做可以问韦东奕，韦东奕不会做说明题出错了。"我们平常人怎样才能成功？就是要通过后天学习来实现。一勤天下无难事，一懒世间万事休。一个人如果智商一般，又太懒的话，就很难有出息。世界上最可怕的事就是比我们聪明的人还比我们努力。大家知道，挪威人均GDP高达8万多美元，幸福指数常年排名全球前三位，但挪威的自杀率在发达国家里也是最高的。我想其中一个重要原因就是他们太轻闲了；另一个原因就是他们一出生，从摇篮到坟墓都是有保障的，导致他们懒惰的习性。有人说，废掉一个未成年人最好的方式就是给他一部手机，废掉一个成年人最好的方式就是叫他闲着。

其次，要拓宽学习内容。对于文秘人员来说，要上知天文，下知地理，中间知空气，古今中外、天文地理、科教文化、民俗谚语、正反事例等，无所不容，无所不包。只有学得多、看得多，想问题才会全面，看问题才会深刻，写材料才有深度。

再次，要夯实文字功底。所谓文字材料，只有先学好文字，才能写好材料。文字功底包括遣词造句、组句成段、连段成篇、衔接过渡等。一个语言素养好的文秘人员要想做到心手相应、心到手到，迅速准确优美地表达出自己的思想观点，必须大量积累词汇，熟练掌握语法，自如运用修辞。如果没有扎实的文字功底、语言基础，写材料无话可说，想表达什么意思"老虎吃天，无从下口"，即使有再娴熟的写作技巧，也是水中花、镜中月。有人为了学习语言，抄写7遍《新华字典》，3遍《红楼梦》。要想写好材料，必须先过语言文字这一关，要老老实实、扎扎实实、踏踏实实从基础做起，多读、多听、多记、多背、多写、多练。

## （二）掌控情况

起草写好机关公文材料，必须把上下左右、里里外外情况摸全、摸准、摸透。要吃透"上情"。上级的方针政策、决策部署，都是集中各地意见和经验，经过多次研究、反复提炼、多方论证总结出来的，具有普遍性、科学性和指导性，是开展工作的总遵循和"指挥棒"，一定要全面学习、深刻领会、准确把握。要了解"下情"。就是要掌握下属地区和行业单位部门基本情况和最新工作进展、干部群众思想状况及存在的主要问题和不足等。要把握"内情"。就是要对本地本单位领导意图、工作安排、近期和长远打算及做好某项工作的人力、物力、财力等情况了如指掌、如数家珍、娓娓道来。要学习"外情"。要加强与兄弟单位的沟通联系，建立良好关系，经常走动，取长补短，有些相似的工作材料要相互交流学习借鉴。总之，就是掌握上头的，熟悉下头的，知道里头的，了解外头的，找准前头的，想好后头的，形成自己的，变成群众的，要有实际的。

## （三）收集材料

好的材料不是凭空写出来的，而是对已有的资料进行梳理、加工出来的，是丰厚素材积累的结晶。列宁曾说过："聪明在于学习，天才在于积累。"收集材料，就是掌握素材，包括综合情况、重要数据、生动事例及重要思想观点。素材是公文写作的基础，如同搞建筑一样，必须有水泥钢筋、木石砖瓦等建筑材料。有时积累的一些材料可能平时用不上，但在关键时候能用上一个观点、一个事例、一句话，这个材料就没有白白积累。因此积累时不可嫌多，运用时又不可能很多，也就是《庄子·人间世》中所说的："人皆知有用之用，而莫知无用之用也。"

收集材料主要有四个途径：

第一，调研获取第一手鲜活材料。大家都知道毛泽东有一句名言："没有调查，没有发言权。"1930年，毛泽东写出了他的名作《调查工作》。这篇文章在红四军中印成小册子分发，后因敌人多次"围剿"失传了。直到1957年2月，福建省上杭县茶山公社官山大队农民赖茂基把自己珍藏多年的一本《调查工作》献出来，才使得这篇重要历史文献失而复得。毛泽东得知后更是喜出望外，1964年6月，该文题目被改为《反对本本主义》，收入《毛泽东著作选读》一书。这篇4000多字的文章是毛泽东多年从事调查研究的理论总结，文章一开头，就提出一个重要的命题："没有调查，没有发言权。"调查研究对于党委、政府工作来讲非常重要，对于写材料来讲同样非常重要。深入细致地调查研究，掌握翔实具体的第一手资料，往往具体生动、真实可靠、印象深刻，是写好材料的重要基础和保证。写材料的同志要经常挤时间到基层、到一线、到现场，问计于民、问计于贤，形成的调研报告要有事实、有数据、有分析、有建议，要把片状的、松散的、零星的、无序的东西掰开了、揉碎了、吃透了、归纳了、上升了、理性了，这样看问题才有高度，提出问题才有深度，解决问题才有力度，文字表达才有精度，写出的材料才会是厚重的而不是肤浅的，是立体的而不是平面的。

第二，收集积累第二手材料。收集一些与所写公文有关的事物的变革情况，以便分析其发展变化，作出正确的分析判断，提出有见解的观点。报纸、文件、会议材料、信息、简报等与自己工作有关的材料等，都可及时记下来，积累起来，这样到用时非常方便。

第三，平时储备基础材料。积累一些与公文写作有关的公文，包括法律、规章、政策、文件、讲话、纪要等。我在县委办公室和市委办公室、市委组织部、市委宣传部工作时，形成了剪报纸、剪刊物、剪简报的习惯，然后把剪出的材料分为农业类、工业类、党建类、精神文明类、领导讲话类、外地经验类、杂谈类、美文类、金句类等，分门别类进行粘贴，装订成册，这样用时可随时找到。同时，还要储备一些伟人、名人、古人、文人、俗人的警句谚语，在文章开头、结尾和中间巧妙地穿插引用，可以大大为材料添彩。在严格遵守有关保密要求的前提下，把中央、省、市各级领导讲话和外地一些领导讲话每年装订成册，经常翻阅浏览、对比学习，学习其中的结构、框架、观点、思想、语言风格，久而久之，水平就会慢慢提高。另外，有些单位的刊物、报纸订得很多，大部分可能翻翻就扔在一边，但里面的一两篇文章将来可能有用，也可以剪下来保存好。这一习惯我至今还保留着，不过随着工作岗位的变动，侧重点有所变化。另外，我在县委办公室担任综合科长时，把人员分成4个组，每组2~3人，一个组重点负责农业方面材料，一个组重点负责工业方面材料，一个组重点负责第三产业材料，一个组重点负责党的建设、精神文明、政法维稳等方面材料，每个组平时多注意搜集、储备、学习各自负责领域的领导讲话、最新政策、外地经验等方面情况，一有任务就各自负责撰写所属分工的材料。这样分工明确、各有侧重，特别是对时间要求很急的材料，写作效率会大大提高。

第四，用心汇集零星材料。"做事业的最高境界是用心。"认真可以把事情做对，而用心却可以做到完美。写材料的人更要做有心人、仔细人，处处留意、时时用心，像涓涓细流终汇成大河一样。我的体会是，可在办公室和家里准备一个记录本，看书、看报、看电视、听歌曲、参加会议、与人交谈、上网浏览时的一些典型案例、创新举措、经典语句可随时记录下来，平时浏览翻阅，写材料时如派上用场，就会为文章添彩加分。我现在还经常作笔记，这些年已记录许多本了。

## （四）深度思考

20世纪美国的励志"圣经"《大思想的神奇》中有这样一句话："人是思维的产物。"写材料更是高级的思维活动。好文章是想出来的。好写必先善思，只有养成善于思考的习惯，才能不断提高写作水平。有人说，世界上最大的监狱，是人的念头和思维。1939年，毛泽东为《新中华报》题词就两个字——"多想"。爱因斯坦说："对人来讲，关键不在于吃什么，而在于思考什么。"一个高素质的文秘人员必须具备深度思考的能力，包括观察、判断、分析、归纳、综合、抽象、概括等。具体来说就是敏锐的洞察力、准确的判断力、深刻的分析力、较强的综合力以及把握未来的预测力和生成新观点、新思想的创造力，特别是要有较强的分析判断能力和综合处理能力。那么作为文秘人员，平时应该思考什么呢？首先，经常思考当今世界大势是什么，中央近期工作重点是什么，出台了什么新政策，上级有什么新要求，这些大势、政策、要求与本地、本单位有什么联系，我们怎样创造性地抓好落实。其次，经常思考本地或本单位最近各项工作开展得怎么样，有什么好的经验做法，遇到什么矛盾问题，下一步应该抓什么。再次，经常思考先进地区和部门单位最近在干什么，怎样干成的，有什么亮点工作，我们应该在学习借鉴的基础上，怎样使工作出圈出彩？最后，"凡事预则立，不预则废"。经常思考在抓好当前学习、工作的同时，怎样谋划好今后或更长一段时期的工作，做到"草摇叶响知鹿过，松风一起知虎来"，以便未雨绸缪，争取工作主动。思考方式有逆向思维、并联思维、发散思维、整体思维、归纳思维等，要坚决摒弃单向思维、直线思维、惯性思维等思维方式。如果这样思考问题，你就会逐渐突破自己的思维认知，看问题就会清晰明了，干工作就会得心应手，写材料就会如鱼得水。对企业家来讲，你很难赚到认知以外的钱；对文秘人员来讲，你很难写好认知以外的材料。有人说，一个人的认知水平，就是身边最接近的6个人的平均值。所以要突破认知，就必须走出狭小、封闭的小圈子，改变交往的人和你现在阅读的书，提升自己的思维层次，否则年复一年你很难改变现状。

## （五）模仿借鉴

从某种意义上讲，人是在模仿中成长的。亚里士多德认为，人和其他动物的重要区别就在于"人最善于模仿"。人的很多知识和本领是靠模仿获得的，比如说话、走路、书法、绘画等。古希腊人认为"文学起源于模仿"。我国南宋思想家朱熹坦言："古人作文作诗多是模仿前人而作之。"唐代皎然在《诗式》中总结了模仿三方法："偷语""偷意""偷势"。同样，模仿借鉴是提高材料写作水平的推进剂。模仿不是抄袭，更不是简单地复制粘贴，或从网上下载拼凑，搞成"拼多多"。人们常说，读万卷书不如行万里路，行万里路不如阅人无数，阅人无数不如名人指路，名人指路不如自己领悟，自己领悟不如重复成功者的脚步。模仿借鉴就是重复成功者的脚步。俗话说，天下文章一大抄，抄来抄去有提高，就看你会抄不会抄。初学写作应当找范文来套写和模仿，在模仿中摸索门道，这是一个比较便捷有效的途径。同一类的材料虽然内容可能各有不同，但框架、结构、层次、语言等，大致有比较相近的模式。初学者可以采取"拿来主义""照葫芦画瓢"，多进行模仿学习，慢慢熟能生巧，逐渐成手。具体到一个材料，可以模仿情景主题、模仿风格特点、模仿方法技巧、模仿篇章结构、模仿思想观点、模仿语言表达。当然，模仿不是邯郸学步、东施效颦，而是有技巧和方法，最初可以"照猫画虎"，生硬死板，最终是学习别人精髓，形成自己的风格。

## （六）向"高手"求教

只要虚心谦卑，放低身段，你就会发现每个单位都有文字"高手"，机关的同志要自觉把他们当成老师，把他们写的材料作为自己学习的范本，珍惜跟着他们一起写材料的机会，平时有疑惑堵点时，要敢于厚着脸皮去向高手请教，材料写完后要主动请他们把关修改。中国有句老话："脸皮厚吃个够，脸皮薄吃不着。"古巴革命导师格瓦拉曾说："当你知道了面子是最不重要的东西时，你便真的长大了。"年轻的同志通过给高手抄写材料、打印材料、讨论材料、校对材料，老手带新手、高手帮低手，就能一茬接一茬、茬茬出能人。

## （七）要有"三不怕"精神

一是不怕写。写材料就像学游泳和学开车，如果不下水、不上路反复练习，即使理论讲得头头是道，照样不会游、不会开。所以，多写多练是提高写材料水平的关键。深厚的文字功底、真正的硬"笔杆子"是写出来的、练出来的。鲁迅先生曾经说过："文章应该怎样做，我说不出来，因为自己的作文是由于多看和练习，此外并无心得和方法的。"有的同志一接受任务就发愁，总想不写或少写或推给别人，结果越发愁越不想写，越不写越不会写，越不会写就越发愁，这样"笔杆子"是炼不出来了。作为文秘人员，应当一有任务就兴奋，一说写材料就充满激情，越有硬任务越特别能打硬仗，做到"拳不离手""曲不离口"。只有敢写，平时掌握的素材和方法才能用上；只有常写，平时掌握的词汇、语法、修辞、逻辑知识和方法，才能真正消化、融会贯通，成为一种技能和技巧，材料才会越写越精，水平才会越来越高。大家听说过肌肉记忆吗？就是说人体的肌肉是有记忆效应的，有研究表明，同一种动作重复多次，至少在3000次之后，肌肉就会形成条件反射。人体获得肌肉记忆的速度十分缓慢，但一旦获得，其遗忘的速度也十分缓慢。写材料也是如此，如果常写常练，形成"肌肉记忆"，不管什么材料，拿来就会写，并且能在最短时间内写出一篇好稿子。

二是不怕批。写材料进步最快、写得最好的人，往往是挨批评最多的人。领导批评我们，说明我们材料至少有可用之处，是"朽木可雕之人"，正是我们虚心学习、提高能力、增长本领的好机会，也是引起领导了解我们、关注我们、重视我们的好机会。领导越是批评我们，我们越要认识到自己肩上的责任，越要从自身找原因，越要努力提升自己。

三是不怕比。有比较才有鉴别，只有通过比较，才能知道哪个是好的，哪个是差的。第一是拿自己写的材料同领导的修改稿进行比较，领导的政策水平高、社会阅历深、综合判断能力强，有很多值得学习的地方，要仔细看一看领导都作了哪些修改，想一想为什么这样修改，修改者的高明之处在哪里，反复琢磨改动过的地方，会有一种豁然开朗、柳暗花明之感。第二是拿自己的材料同别人起草的材料进行比较，尤其是一些有着类似内容、体裁的材料，既和好的比较，找自己的不足，也和差的比较，发现自己的长处。对有些高质量的好材料，要认真学习研究，看别人怎样提炼主题，怎样把握中心，怎样展开论述，怎样遣词造句。学习好稿子要真正把自己融进去，首先想想如果自己起草这份材料会怎样写，结构怎么排、语言怎么用、开头怎么入、结尾怎么收，然后再看看别人是怎样写的。第三是把自己所在单位的材料同上级单位的同类材料进行比较，看一看上级单位的材料是怎样站位的、怎样选择角度的、怎样论述的、怎样组织语言的，二者的差距是什么，怎样进一步提高。

"罗马不是一天建成的"，"笔杆子"也不是一天炼成的，在这条道路上必须要有"板凳需坐十年冷，文章不写半字空"的执着坚守，久久为功，绵绵用力，才能尽快"撞线"。

# 三 如何谋篇布局

古代人打仗，首先要"排兵布阵"；现在建一座高楼，第一步先设计图纸；写一篇好文章，必须要有完美的框架结构，也就是谋篇布局。所谓谋篇布局，就是根据材料主题的需要，注重从上情与下情、理论与实践、共性与个性结合上，分析内在联系，把握客观规律，形成逻辑体系，并使各部分内容形成一个完整严谨、有机统一的整体，从而使主题更具体、更详细、更完好地体现出来，就像清康熙年间学者冯李骅、陆浩共同编辑的《春秋左绣》说的那样："文要步步联络，文要各成片段，文要两两相对，文要宾主互用，文要整散相配，文要错综变化，文要提清线索，文要布置安详，文要收束严重，文要立言得体。"简而言之，谋篇布局就是要解决起、承、转、合、接、应、断、续等公文材料的组织问题。主要包括三个方面。

## （一）材料整体要做到结构完美

一是完整连贯。所谓"完整"是指文章的结构布局一贯到底，有过渡、有照应、有头有尾，首尾圆合，通篇一体，不能想到什么就写什么，想到哪里就写到哪里；所谓"连贯"就是通篇一贯，文章的部分与部分之间，片段与片段之间，前言与后语之间，通过正确使用过渡句和连接词，文风一致，紧密连接，一以贯之，结构严谨，整体完美。二是疏密相间。就是要长短适当搭配，不能这一段很长，那一段很短，这一段论述得很深刻，那一段论述得很肤浅。其密度不要均等，要根据材料主题表达的需要，有详密、有疏略，使全篇布局疏密相间，错落有致，舒缓自如，给人一种抑扬顿挫、节奏铿锵之感。三是跌宕起伏。古人对此总结说"文似看山不喜平""文须错综见意，曲折生姿""为人贵直，而作诗文者贵曲"，说的是文章要写得内容有波澜，行文有起伏，有高有低，有紧有慢，似波浪一般富于变化，这样材料无论长短，都能扣人心弦，引人入胜。

例如，在2022年7月15日德州市委党校中青年干部培训班毕业典礼上的讲话中，我作为校长发言写的材料的结构，自己感觉比较完美，讲后引起较大反响，许多单位组织干部集中学习，纷纷发朋友圈。

尊敬的各位领导、亲爱的各位同学、敬爱的各位老师，大家上午好！

仲夏时节，生机勃发，万物丰茂。在这样一个收获与感恩的美好季节，在这样一个依依惜别的重要时刻，我们隆重举行第51期中青班毕业典礼，共同见证46名学子圆满完成学业，开启人生新篇章。在此，我代表校委会和全体师生员工，向学有所成的同学们表示热烈祝贺和美好祝愿！向辛勤耕耘的教师们致以崇高敬意和衷心感谢！

昨晚我看了大家在朋友圈发的毕业留念视频，看到你们青春飞扬、朝气蓬勃的样子，感觉自己一下子又回到了"恰同学少年，风华正茂；书生意气、挥斥方道。指点江山，激扬文字，粪土当年万户侯"的青葱岁月，不由自主、十分羡慕地发出一声"年轻真好"。回到现实中来，现在我又真真切切坐在这里，发现自己已是一名地地道道、货真价实身心油腻的中年男人了。此时此刻，我蓦然想起余华在《活着》中写的几句话："曾经以为老去是很遥远的事情，突然发现年轻已经是很久以前的事了，时光好不经用，抬眼已然半生。"想到这些，我是多么羡慕你们青春的样子，不过你们不曾老过，而我年轻过。我深知"清风若有怜花意，可否许我曾少年？"很多事情是在年轻的时候才能去做，因为年轻才满不在乎，只有青春才无所顾忌，年轻有一万种可能，一万个未来。正如鲁迅先生所说："惟其年轻，希望就在这里。"

同学们、同志们，每一期中青班都拥有各自独特的党校记忆。一路走来，抚今追昔，即将分别，感慨良多。人生最美是初见，所有的美好，都是恰逢其时。四个月前，你们怀揣梦想踏进市委党校这座红色学府，四个月来，你们的学习生活像天空中的繁星，洒在校园每个角落，报告厅求知若渴、教学楼深思笃学、休闲区朝读暮习、文体馆挥洒汗水；四个月来，你们品尝过成功时的喜悦、失意中的苦涩、坚定后的奋发；四个月来，你们经历了在校学习、疫情放假、封闭管理——你们是党校历史上唯一一个四个月中青班只有两个半月学习的班级。凡是过往，皆为序章。人的一生中总有忘不掉的岁月，给你留下无限美好的回忆。德国著名哲学家雅斯贝尔斯说："教育的本质是一棵树摇动另一棵树，一朵云推动另一朵云，一个灵魂唤醒另一个灵魂。"这四个月所经历的一切，所唤醒的灵魂，所收获的知识、阅历、友谊，都将成为你们人生经历的财富和美好回忆，装进行囊，陪伴你们走向诗和远方。

著名诗人徐志摩在《再别康桥》中写道："悄悄的我走了，正如我悄悄的来；我挥一挥衣袖，不带走一片云彩。"人生自古伤离别。虽然你们无法带走党校上空美丽的彩云，虽然你们已归心似箭，但作为校长，更作为一名师长，请带走我的几句肺腑之言，权当我的临别赠言。

我又写了7个部分，提出具体要求。最后我说：

亲爱的学员们，一入党校门，一生党校人。今天过后，大家就要离开校园成为党校校友，无论你是近在咫尺还是远行天涯，无论你是局长科长还是书记镇长，党校的芳华岁月，都将永远刻于心田，融于血脉；无论你是身处顺境还是逆境，无论你是成功抑或失败，党校的温柔目光，都永远注视你、温暖你、鼓励你。志合不以山海为远，道乖不以咫尺为近。无论走到哪里，你们都是党校永远的牵挂，即便岁月更迭，党校永远是大家的坚强后盾，是大家的温馨家园。欢迎大家常回家看看！

最后，衷心祝愿同学们工作顺利，宏图大展，前程似锦！

## （二）材料内容要做到形神和谐

材料内容由结构支撑，材料的结构包括内部结构和外部结构两种。所谓材料的内部结构，就是材料思路的内在逻辑结构。在记叙文里称之为"线索"，在议论文里称之为"脉络"。材料的主题、人物、事物、中心事件、感情等都可以为线索，就像写散文一样，形散而神不散；也像放风筝一样，不管风筝飞多高，总有一条线在手中掌控着。线索无形把人物、事件串在一起，构成严谨的有机整体。如《水浒传》以108将命运起起伏伏为线索，《三国演义》以魏蜀吴的分分合合为线索，《西游记》以师徒四人西天取经曲曲折折为线索，《红楼梦》以贾宝玉林黛玉爱情悲悲切切为线索。所谓材料的外部结构，就是材料的外部存在形式。主要内容包括以下方面：

一是层次和段落。层次是指材料各层内容的表达次序，段落是指具有独立意思构成的句子群落，以换行、首行空两格为明显标志。一般来说，一篇材料由多个层次组成，内容简单的一个层次可能只有一个段落，内容复杂的一个层次可能有多个段落，层次常由序号、小标题引领，表达一个完整的思想。一篇材料由段而层，由层而篇，层次之间、段落之间以及层与段之间要有内在联系。

二是过渡和照应。过渡是材料的黏合剂，是段与层结合的桥梁，在文章中起着承上启下的作用。凡思路转折、叙事更迭、人物转换、论题变化、总分起止以及表达手法转化等处，都要安排过渡。过渡的形式有用关联词或转折词过渡，用句子过渡，用段落过渡。照应就是指一篇文章首尾或前后内容的关照和呼应。前面说的，后面要有着落；后面写的，要与前面交代的相合，这样相互辉映，相得益彰，从而使材料前后连贯，结构严密。常见的照应手法主要有开头与结尾相照应、正文与标题相照应、行文中相互照应等。关于照应，俄国作家契诃夫曾有过这样一个非常经典的说法：如果你在文章的第一段里提到墙上挂着一杆枪，那么在文章的第二段或者第三段里就一定得"开枪"，否则那杆枪就没必要挂在那里。

三是开头和结尾。古人语："起句当如爆竹，骤响易彻，结句当如撞钟，清音有余。"所以"虎头龙尾"是好文章的半壁江山。我写材料，题目反复斟酌，一看耳目一新，眼前一亮，过目不忘；导语反复推敲，一看愿意读，愿意看；结尾反复修改，余音缭绕，回味无穷，令人沉思。例如《领导干部要学政策懂业务》的开头，我写道："'十三五'已圆满收官，'十四五'大幕正启，处在百年未有之大变局中的德州正在掀开新的发展篇章。历史把德州推向新时代，时代时代，时不我待。抓住了就属于我们的时代，抓不住就只有永远的等待。今天的德州大地，更宏伟的蓝图正在擘画，更伟大的事业正在孕育。熟知政策、精通业务、提升能力是全面开启新时代建设现代化新德州新征程的根本要求，是推进德州高质量发展实现新突破的重要法宝，是领导干部这个'关键少数'发挥'头雁效应'的基本功和履职尽责的必备能力。"《领导干部要有坚决的执行力》结尾，我写道："总之，只要全市领导干部思想同心、目标同向、行动同步、执行同力，定会凝聚起干事创业的强大合力，定会有一个更加精彩的德州，也定会交出'十四五'开局之年的优异答卷。只有这样，每名领导干部可以自豪地说：为德州的发展，我尽职了；为德州的百姓，我尽责了；为德州的事业，我尽力了。我无愧于这个伟大的时代，无愧于组织的重托，无愧于德州大地，无愧于561万父老乡亲！"

## （三）材料布局要做到逻辑清晰

　　一篇文章顺不顺，关键看脉络清不清，而脉络的实质是逻辑。"逻辑"犹如文章的经络，只有"逻辑"通，才能经络畅、气血活。只有对内容经过精心思考，对文章的谋篇布局做到胸有成竹，闭上眼睛一想最后写出的文章应该是什么样，或达到什么效果，再动笔写作全稿，才能写出结构严谨，逻辑性、条理性强的文章。对此，必须先列好提纲，或打腹稿，这是起草公文的一道重要工序。按提纲写稿子，有助于我们理清思路，把握材料重点；优化结构，明确各部分内容和顺序；节约时间，避免内容无序和冗杂；提高效率，写时更有针对性；便于修改，防止推倒重写或返工。列提纲，一定要在掌握领导意图和吃透"两头"的基础上进行，应"提前控制"每个部分的篇幅，以求总体结构的基本匀称、层次基本相同，一级标题下面可列二级标题、三级标题，同一级标题最好用一样的句式和结构，差不多的字数和语气。因为整齐的标题形式，除了表情达意明晰外，还特别易于传达贯彻，便于干部群众掌握记住。

　　比较简短的公文，可以不列提纲，但一定要打好腹稿。腹稿是指先在内心酝酿成熟的文稿。打腹稿，虽然不一定形成文字，但对材料的谋篇布局也要想明白。有了好的提纲或好的腹稿，文章等于完成了一半，起草公文就会得心应手，就像北斗定位一样，不会跑偏。例如，我在2023年德州市委党校工作动员大会上的讲话稿，全文3.2万多字，用了3个半小时时间，讲了7个什么：第一，2022年我们干了什么;第二,工作中我们的体会是什么;第三,我们存在的主要问题和差距是什么;第四,我们面临的新挑战是什么;第五,做好今年工作我们的优势是什么;第六,今年我们重点抓什么;第七,圆满完成全年任务我们做什么。

# 四

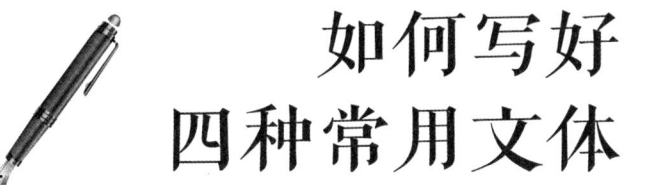

# 如何写好四种常用文体

党政机关的材料主要写什么呢？简单地说，主要分两类：一类是日常的行政公文，即因工作而行的文字，如请示、报告、意见、通知、公告、决定、函等；另一类是综合性文稿，如领导讲话、调研报告、工作总结、典型发言、会议简报等。但最难写最常用的主要是领导讲话、工作汇报、典型发言、调研报告等。下面，我就机关中这四种常用文体的写法作一些简单介绍。

## （一）领导讲话

讲话是人类最重要的一个特征，凡是健康的人都会开口说话。语言，是人类进行思想交流最基本的沟通工具。讲话水平是一个人思想理论修养、政策水平、生活阅历和文化素质的综合体现。领导干部是社会活动的指挥者、管理者、组织者，随着社会的进步，特别是现代传媒技术的飞速发展，领导者的指挥、管理和组织在很大程度上是通过会议讲话、谈话、发言、讲演、汇报等口头语言这一形式来实现的。群众认识领导，往往是从领导讲话开始的；群众了解领导，更多是听领导讲话进行的。毛泽东同志曾经指出，"一个革命干部，必须能看能写"[①]。邓小平同志也要求，"凡不会写的要学会

---

[①] 中共中央文献研究室编《毛泽东文集》（第二卷），人民出版社1999年版，第387页。

写,能写而不精的要慢慢地精"①。一篇好的讲话为领导加分增彩,反之让领导减分逊色。现实情况是:部分领导懂材料,对于应该讲什么形成了自己的大体思路,我们只要顺着领导思路按要求写即可;部分领导不懂或不太懂材料,只交待你写个什么材料,至于怎样写他不管;还有少数领导你写什么他就念什么,也就是人们常说的秘书水平代表领导水平。俗话说:"干活不由东,累死也无功。"因此,给领导起草讲话需要最大限度地体现领导意图。

由于会议的种类很多,领导在会议上的讲话也就种类繁多,很难做完全细致的分类。根据不同的场合、对象和用途,我大体归纳一下,主要可以分为几类。

一是工作动员部署讲话。这是领导讲话稿中数量最多的一类,主要是领导对某项工作进行动员部署,或对前期工作中取得的成绩、存在的主要问题进行总结,对下一步工作、重点任务、措施进行安排部署,如每年的党委经济工作会议,党建、政法、宣传、统战、教育等各类会议以及一些阶段性的工作会议。这类讲话稿要求思想认识统一、任务目标明确、措施落实有力。

二是工作例会讲话。如每五年一次党代会和每年至少两次全委会上的工作报告,每年人代会上的政府工作报告和人大常委会工作报告、政协工作会议报告,还有群团及社会组织换届时的工作报告等。其内容是向与会代表报告前段工作情况、找出存在问题、提出下一阶段工作意见。其中党代会和人代会、政协会等还有开幕词、闭幕词,前者用于介绍大会背景、阐明主题、提出要求,后者用于总结会议成果,提出学习贯彻意见。

---

① 《邓小平文选》(第一卷),人民出版社1994年版,第145页。

三是各种礼仪会议讲话。如庆功会、表彰会讲话稿，庆祝会、纪念会讲话稿，各种邀请会、协作会、联席会讲话稿，各类致辞，包括欢迎词、感谢词、答谢词、慰问词、祝贺词等，用于专门的仪式或宴会等场合。这类讲话一般时间不能太长，大体掌握在15分钟之内，主要就举办这一活动的意见和作用进行阐述，要文采斐然、富有感情，鼓动性、号召性强。

四是各类小型会议讲话。如研讨会、座谈会开始或结束时的讲话，根据会议内容提出自己的观点、见解，给大家以启迪和指导。

五是到基层检查指导调研时的讲话。这类讲话首先肯定该地区或部门的工作成绩，指出存在的问题，提出做好工作的意见和建议。

总之，不管哪一类领导讲话稿，要写好它，都要结合讲话稿的性质和特点，把握好以下三个方面。

1.吃透上情摸透下情

吃透上情是写好讲话稿的基础，因为领导干部的讲话，一般都是传达贯彻上级领导或会议精神的，即使在本单位的讲话，也必须和上级精神保持一致，所以一定要认真学习研究上级精神，深刻领会精神实质。可根据会议主题和讲话内容，先把上级有关文件、领导讲话和报告上有关重要文字找来看一遍，搞清楚上级对这项工作有什么要求、什么政策措施、什么新的提法等，重要部分要画上记号或抄录下来，切实做到把握政策要准确全面，引用政策要原汁原味，落实政策要不折不扣，确保上级精神在讲话稿中得到充分体现。同时要全面摸清下情。领导讲话必然涉及本地、本部门的实际情况，或对政治、经济、社会动态进行分析判断，或引用有关数据和典型事例，或宣传某项工作经验，或揭露批评某些不良现象，等等，所有这些，均离不开对"下情"的分析掌握，而且掌握得越多、越精细、越准确越好。因此，写材料之前要根据会议内容认真想一想：这篇讲话可能涉及哪些情况，这些情况我了解不了解，如果不了解，可先让有关部门马上提供，包括工作进展、创新做法、先进典型、重要数据、存在问题、下步打算等。如果时间允许，也可到实地调查研究，或召开座谈会征求大家意见，同时要学习借鉴外地的一些先进经验做法。

2. 准确领会领导意图

领导讲话是表达领导思想、体现领导水平、展示领导风采的重要载体。所以，准确领会领导意图，是起草领导讲话稿的基础性工作和关键环节，也是决定讲话稿成功的一个重要条件。在写作时，必须把握领导思想，表现领导主张，体现领导要求。那么，怎么领会领导意图呢？

一是领导直接交代。领导将要在某个会议上发表讲话，大都会把分管和直接写材料的文秘人员找来"面授机宜"，当面把开会的目的、背景、参会人员、讲什么问题、着重强调什么和解决什么等重点要素安排下去。这时文秘人员必须认真听、认真记、认真领会，如有疑问或不甚明白的地方，可以当面请示询问。这里面可能有两种情况：一种是，领导对开这个会讲什么、怎么讲，酝酿已久、深思熟虑、缜密谋划，自己已写好提纲或打好腹稿了，说出来的思路、框架、提纲很成熟、成体系了，只要稍加整理，充实内容，使其更加立体丰满、有血有肉就可以了；另一种是，领导已确定要召开会议并且要讲话，但对怎样讲、讲什么，还未来得及认真思考，说出来还不够成熟、不成体系，甚至想到什么说什么，想到哪说哪，这种情况也要认真记下来，尔后仔细归纳整理，领会其精神要义，经过精心加工后，使之连贯顺畅、完整有序。

二是当面请示领导。领导工作千头万绪，十分繁忙，安排起草讲话稿，有时是通过电话、微信交代，或通过其他领导传达自己的意图，只说了个大题目，讲了个大概意思，点了几个重点，会议的详细内容秘书不清楚，这时就要千方百计主动找领导请示，当面征询其对一些问题的看法和有关问题解决的措施，问清领导最想表达什么观点，达到什么目的，想提哪些刚性要求，有什么改革创新的新举措，等等。

三是善于抛砖引玉。如果是领导对讲话内容还未考虑成熟，事先也没有交代写作意图，或者来不及请示领导，这种时候就要根据上级要求和会议主题，结合平时掌握的情况和当前形势，善于"投石问路"和"抛砖引玉"。文秘人员先拿出一个初稿或列出一个详细的写作提纲，送给领导审阅或当面汇报。领导修改或提出意见后再根据领导要求，需要推倒重来的重新撰写，需要调整结构的调整结构，需要充实完善的充实完善，这一做法在实际工作中非常普遍，十分有利于体现和启发领导意图。

四是勇于做好"五问"。一问领导在什么场合讲，是在上级会议上讲，还是在平级或下级会议上讲，是在庄重严肃的场合讲，还是在环境轻松的场合讲，对象、场合不同，讲话的语气、措辞也不一样。二问领导在什么阶段讲，是在工作开始讲，还是在工作进行中讲，或是在工作结束时讲。三问领导以什么样的角色讲，是单独讲还是与其他领导一块讲，是主讲还是次讲。四问领导对什么人讲，就是针对听众的年龄、职业、受教育程度等特点组织讲话内容，否则连共同语言都没有，又怎能让听众领会讲话要求、指导自己工作呢？其结果只能是台上讲话者慷慨激昂，自我陶醉，台下听众充耳不闻，昏昏欲睡。因此，了解参会人员情况是起草领导讲话稿之前一项基础性工作。古人云："与智者言，依于博；与博者言，依于辩；与辩者言，依于安；与贵者言，依于势；与富者言，依于豪；与贫者言，依于利；与贱者言，依于谦；与勇者言，依于敢；与愚者言，依于锐。"说的就是语言表达要因人而异，适合对象。如前几年我在给德建控股有限公司新招录的大学生员工讲话时，针对他们有干好工作的激情和冲动，但自傲、浮躁的心态比较严重的状况，开头就说："今天我给你们带来了两样东西，一样是水，一样是油。也就是说，先给你们泼泼冷水，正确认识自己；然后鼓劲加油，努力实现自己。"我在宁津县工作，在给全县近千名农村党支部书记开会时，针对这一群体身居最基层、文化层次较低的现状，开始用朴实、通俗的语言给他们讲："在中国有两个第一书记最难当，一个在上头——中央总书记，一个在下头——村支部书记。上头总书记选不好，国无宁日，百姓遭殃；下头村支部书记选不好，基础不牢，地动山摇。总书记'顶天'，村支书'立地'。"这样的语言，村支书听得懂、听得明、听得亲切。当时正值隆冬，天气非常冷，室内又没有暖气，但会场秩序非常好。五问领导多长篇幅、讲多长时间。给领导起草讲话稿，必须明确材料要写多少字，讲多长时间。字数多时间长，就可以充分展开、旁征博引，详细地写，深入地讲；字数少时间短，就需要精练概括、重点突出、开门见山、惜字如金。判断材料字数和所讲时间，除当面询问领导外，还要根据领导平时讲话要求的页数判断、语速快慢判断、会议性质判断、参照类似经验判断。以《新闻联播》为例，20世纪60年代，播音员每分钟一般播185个字左右；80年代，每分钟一般播200～220个字；90年代，每分钟一般播240～260个字；近几年，每分钟播250～270个字；最快时达到每分钟300多个字。《新闻联播》选女播音员要求"两大一小"：大眼睛、大嘴巴、小鼻子。大眼睛提高电视画面整体性、和谐性，在脸部比例适中前提下，鼻子越小越能使观众注意力集中。主播不能是樱桃小嘴，因为露齿笑时，无法露出上下两排牙齿，显不出真诚，且嘴型影响速度。我们领导干部一般每分钟读200个字左右，如要讲一小时，材料1.2万个字左右，20页纸左右即可。

五是学会"关起门来当领导"。习近平总书记要求机关人员"身在兵位，胸为帅谋"。所以文秘人员要"平常学领导，写前问领导，写时当领导"。写领导讲话必须把自己摆在领导位置上，千万不能把自己当秘书，给谁写就是谁，如同演戏，演谁就是谁。有一句话叫作"秘书的脑袋应该是领导脑袋的扩张，秘书的手脚应该是领导手脚的延长"，这就是说，要站在领导的角度、以领导的视野去看问题、写材料，这样才能确保"参到点子上，谋到关键处"。要想在写作时"演好角色"，平常就得"熟悉角色、进入角色"。经常为领导起草讲话稿的同志，要自觉养成"踱方步"、想大事的习惯，善于捕捉领导的关注点、兴奋点，凡领导了解的大事都应了解，领导考虑的重要问题都应考虑，领导不同场合的谈话都应认真记录，领导对一些问题的批示要求都应细心揣摩，领导撰写的重要文章都应深刻领会，领导修改过的稿子都应反复学习。《领导干部要学政策懂业务》一文，就是我参加市政府的一个会议后撰写的。当时市长在会上说："现在个别领导干部不学政策不懂业务，给我汇报工作叫着副职或科长来。"我在台下听后马上撰写了此文,通过市政府办公室转交给市长,市长当即作了批示:"此文很好,市政府党组会要学习,办公室要先学一步,率先打造学习型机关。"《领导干部要有昂扬奋进的精气神》一文,是我在参加市委一个会议时,市委主要领导在讲话中提到现在我们个别干部精气神不足,浑浑噩噩,无精打采。散会后,我立即撰写了此文,然后呈报给市委领导。当时是周一,我上午9点送达的,11点领导就亲自作了修改并作了批示:"此文很值得一读。当前我市干部队伍确实需要提振'精气神',建议稍作完善后,适时公开发表。"

3.合理安排框架结构

结构是文章内部的骨架,起着支撑整篇文字的作用。著名美学家王朝闻先生曾经说:"结构之于创作,如同作战部署之于战斗一样,是决定成败的一个关键。"因此,合理、完美或独特新颖的结构是衡量讲话稿好坏的一个重要标志。起草领导讲话稿,在接受任务之后,不应急于求成,匆忙动手,而应在占有大量素材的基础上,认真分析研究,进行深度加工,将零散的、感性的材料通过归纳、分析,使其上升到系统、理性的高度,得出结论、确定主旨。因会议的主题、内容、对象不同,甚至领导者的要求、兴趣、风格各异,所以框架结构也最为灵活多样。常见的材料结构有6种:并列式,即各层次是"平起平坐"的,主次轻重相同,均是主体的一部分;递进式,即各层次之间存在相互之间的逻辑关系,是循序渐进铺展开来的;主从式,即主要层次放在前面,次要层次放在后面,为主要层次提供保障和支撑;交互式,即在各层次内容有所交叉的情况下,把其中的共性问题抽出来,集中成为另外的层次;总分式,即先集中写，再分开写；附带式，即层次有轻重和先后之分，把主要内容摆在突出位置，其余作为附带或补充。

领导讲话的框架没有统一的模式，要根据领导的习惯和讲话内容而定。除上述讲的6种模式外，"无三不成文"，"三段论"是最常用的结构方法。即第一部分通常是总结成绩、认清形势、统一思想认识等，也就是人们常说的"提高认识"；第二部分主要讲工作任务、要求、思路和重点，也就是人们常说的"明确目标"；第三部分主要讲组织领导、工作措施等，也就是人们常说的"抓好落实"。或者说，第一部分讲意义、讲道理，明确"为什么干"；第二部分讲工作、讲重点，明确"干什么"；第三部分讲措施、讲要求，明确"怎么干"。这种形式符合人们认识问题、解决问题的一般思维习惯，因而被广泛采用。

需要特别注意的是，第一部分讲道理、讲形势、统一思想认识等，容易写空、写虚，要有数据、有实事、有分析，切忌大而化之、笼而统之、空洞无物。白纸黑字不如阿拉伯数字。材料要写实，必须要有数据，数据不是一切，但一切都将变成数据。

例如，我在《关于德州大力发展通道经济的建议》一文中，首先论述了德州市大力发展通道经济的重要意义：

> 我市有着承东启西、联南接北、鲁冀之中的重要区位条件。德州这优势那优势，区位交通是最大的优势；德州这发展那发展，利用好区位交通就能大发展。大力发展"通道经济"，努力建设"通道经济特色市"，是市委把德州放到全国发展的大局、全省发展的全局和区域协调发展的布局更宽阔视野来谋划、来

定位，是对德州全面审视、深刻分析、准确把握区位优势，精准确定发展方向、发展路径的一次飞跃升华；是对德州今后发展思路、发展理念的一个创新突破；是对德州在新发展阶段面向未来、谋划长远的一项战略决策，必将对德州构建新发展格局、拓展新发展空间、厚植新发展优势起到积极的推动作用。

接着再分开写：第一，发展通道经济是市委高瞻远瞩的大战略；第二，发展通道经济是落实省委、省政府对德州发展战略的拓展和延伸；第三，发展通道经济是德州扩大开放的现实选择；第四，发展通道经济是推动德州高质量发展的必然要求；第五，发展通道经济是进一步提升德州产业层次的重要途径。

最后，总结德州市大力发展通道经济的有利条件。德州市发展通道经济应以德州为核心，以南北向通道为主，东西向通道为辅，从硬件到软件重点打通五条通道。

一是两条高速公路通道：截至2022年底，我市高速公路共有11条，通车总里程530.7公里，在全省排名第七位，高速公路密度5.12公里/百平方公里，在全省排名第6位。主要包括南北向的京沪、京福、德上，东西向的青银、德滨、德衡。据统计，2020年德州这6条高速公路出入口车辆1022.6264万次，其中入口车辆494.4419万次，出口车辆528.1845万次。二是两条铁路通道：主要包括京沪高速铁路，该铁路纵贯北京、天津、上海三大直辖市和鲁冀皖苏四省，连接京津冀城市群和长江三角洲两大城市群，每天经停德州东站高铁共有228次；交汇于德州火车站的京沪铁路、石德铁路、德龙烟铁路，该铁路是京沪线上重要的客货运车站，鲁西北、冀东南的铁路客货运输枢纽，在山东省的交通运输中有着举足轻重的地位，现为一等站。德州客站日均客流量1.7万人，行包到发1500余件，日均接发旅游列车248列，货车列车243列，发送货物数4158余吨。三是五条水运通道：主要包括从德州至青岛、天津、上海、黄骅、滨州5个港口。其中青岛港、天津港占全市进出口总额的56%。四是五条航空通道：主要是包括从德州至济南遥墙国际机场、首都国际机场、北京大兴国际机场、天津滨海国际机场、石家庄正定国际机场。五是三类油气管道通道：主要包括流经我市的7条原油管道、10条天然气管道、2条成品油管道。这都为我市发展通道经济提供了极为有利的条件。

第一，便捷的交通为德州发展通道经济奠定了坚实基础。德州自古就有"九达天衢、神京门户"的美誉，是全国重要的交通主枢纽城市和区域物流节点城市，连接华北、华中和中原三大经济区，北接首都经济圈、南通长三角经济圈两大"世界级城市群"，一日生活圈涵盖北京、天津、济南、青岛、石家庄等38个大中城市，覆盖人口近3亿。京沪、德石、济邯、德大铁路，京沪高铁，太青客专"三纵三横"铁路网，京沪、京台、青银、德衡、德上、德滨"三纵三横"高速公路网穿境而过，40分钟到天津，70分钟到北京，4小时到上海，与中国21个省会城市、直辖市和全国近一半的地级市直通高铁；距济南遥墙国际机场100公里，距北京大兴国际机场200公里，距河北黄骅港150公里，距天津、青岛港300公里，可实现"1小时上天、2

小时入海"。综合立体、多元融合的现代化交通网初步形成，完全满足人们多层次、多样化、个性化的出行需求。

第二，丰富的资源为德州发展通道经济提供了有力保障。一是土地资源丰富，我市有土地1035771.38公顷，面积广阔、土地平坦，不仅有利于农业生产，也有利于各种产业规划布局，且征地成本较低；二是矿产资源丰富，已探明煤炭、石油、天然气、铁矿等量大质优；三是水电资源丰富，拥有千万方以上水库9座，实现黄河水、长江水双水源保障，境内华能德州电厂是山东电网主力电厂，总装机容量263万千瓦；四是人力资源丰富，拥有49所高校及中等职业学校，4所万人大学，每年培养各类高中级职业技术人才20余万人，可进入产业的人口有100多万人，年输出10万人以上，德州在京津务工人员达28万人，仅滨海新区就有11万人。

第三，健全的产业为德州发展通道经济提供了有力支撑。产业是经济发展的财源支柱，也是吸引各类要素资源集聚的强大磁场。在联合国定义的产业分类中，德州拥有41个工业大类中的33个，在全国地级市中是少有的。可以说产业门类齐全、基础良好、潜力巨大，目前已形成绿色化工、现代高效农业、纺织服装、文化旅游、现代物流等五大传统产业，正加快培育高端装备、新能源与节能环保、新材料、医养健康、新一代信息技术等五大战略新兴产业，正扎实推进新型工业化强市建设三年行动计划，更大力度打造优势特色产业集群，积极建设新时代"活力德州、智造名城"。目前产业集群化发展势头强劲，在周边区域中竞争优势明显，随着产业规模进一步扩大，势必成为引领区域发展的强劲动力。

第四，蓬勃的农业为德州发展通道经济提供了最大支持。我市是全国首个"吨粮市"，整建制粮食高产创建成为全国一面旗帜，有农产品加工企业1280家，市级以上龙头企业226家，其中国家级9家，省级59家，成功创建省级农产品质量安全市，全市"三品一标"认证总数达682个，"德州味"农产品区域公用品牌在京隆重发布，全市农产品自此有了统一的"金名片"。据统计，全市平均年产小麦375万吨，玉米381万吨，蔬菜647万吨，干鲜果品32万吨，猪牛羊禽肉322万吨，除一半在本地销售外，25%销往京津冀地区，25%销往南方诸省。"十四五"期间，全市将培育在全国具有较强市场竞争力的知名农产品品牌5个、省农产品区域公用品牌5个、省知名农产品企业品牌25个。

第五，繁荣的商贸为德州发展通道经济提供了有利条件。商贸流通是经济的基础和先导性产业，决定着经济的运行速度、质量和效率，是增强城市凝聚力、辐射力的主要资源要素。我市自古以来就是区域性商贸重镇，明清以来成为全国33个工商重镇之一，近几年大力优化商业布局，形成了新湖、新城、高铁新区、陵城4个市级商业中心，运河文化旅游商贸区等7大名牌商圈，万达、唐人等20个商业次中心，董子街、新街口等20个特色商业街区，打造了"一园一带四区"商业交易市场格局，即东北商贸物流园，商贸大道商业带，电子、煤炭、木材钢材市场和铁路物商品集聚区，培育了黑马农贸和德运果品等农产品冷链物流基地，建成了有1500余家商铺、年交易额20多亿元、50万人来淘宝、在全国规模和影响最大的德州古玩市场,逐步形成了大中小市场结合、专业与综合市场配套、批发与零售市场互补,布局合理、功能齐全的商品流通网络,成为鲁西北冀东南高端消费、专业商品交易与集散中心,社会零售品销售额每年增长7%以上,其中20%以上来自辐射周边地区。

第六,深厚的文旅为德州发展通道经济增强了活力源泉。文化是一座城市的灵魂和根基,也是决定一座城市竞争力的重要指标。目前全市共有A级景区58家,在建精品旅游项目48个,国家级、省级工农业旅游示范点116处,省级文化产业发展示范基地8家,旅游强县3个,2019年旅游总收入226.81亿元,接待游客3396.6万人次。拥有南运河河道德州段、苏禄王墓、四女寺枢纽、德州码头4处国家重点文物保护单位,临邑一勾勾、宁津杂技、德州黑陶炼制技艺、德州扒鸡制作技艺等4项国家非遗名录。早在5000年前,德州已有先民筑城而居,齐鲁文化、燕赵文化与黄河文化在这里交合融汇;后羿射日、嫦娥奔月、大禹治水等传奇故事在这里名扬四海;齐名相晏婴、平原县令刘备、一代大儒董仲舒、书法宗师颜真卿、智圣东方朔、书法大家邢侗、中国历史上有据可查的第一个状元孙伏伽、抗日名将宋哲元、全国劳模时传祥、全国道德模范孟祥斌等历史文化名人在这里誉满天下;齐河泉城海洋极地世界、齐河欧乐堡动物王国、齐河博物馆群、宁津杂技蟋蟀欢乐谷、平原东海天下温泉康养小镇、庆云海岛金山寺令游客流连忘返;禹王亭、邢侗公园、"东方朔画赞碑"、"神头汉墓碑"等记载着德州的灿烂文化；乐陵50万亩枣园、夏津黄河故道森林公园诠释着"大德之地、九州田园"之美景；穿城而过、风光旖旎的岔河、减河、运河成为市民休闲健身的好去处；等等。这些正逐渐成为京津冀鲁的生态区、康养休闲的度假区和运动怡情的游乐区，成为发展通道经济的无形影响力。

第七，快捷的物流为德州发展通道经济提供了不竭动力。一是物流标准化水平明显提升。德州市在2016—2018年开展全国物流标准化试点城市建设，先后遴选了29家企业完成了商贸物流标准化试点项目建设，获得中央财政支持资金6000万元。试点后，市域内标准托盘年保有与城市托盘总量的比率达到45.2%，提高了15.2个百分点，试点企业物流成本与营业收入比率由试点前的43.6%降低到19.8%，包装耗材平均降低7.8%，试点企业物流效率显著提升，成本明显降低。二是政产学研联动发展模式逐渐深入。黑马集团与德州学院、大数据局共建互联网产业学院、大数据实验中心、德州市大学生创新创业基地工作有序推进；市职业技术学院现代物流大数据中心建设积极筹建中。三是物流技术支撑体系逐步完善。锐特物流等骨干企业依托交通信息管理系统、北斗导航系统、电子数据交换技术等信息技术，积极应用安全防御系统等模块，大幅提高安全系数，实现安全高效运输。四是物流总量不断扩大。2020年，全市社会物流总额完成8624.2亿元，同比增长2.99%，比全省增速高1.29个百分点；物流业总收入完成314.5亿元，同比增长2%，低于全省1.3个百分点。全市现有规模以上物流企业79家，全年实现营业收入31.9亿元，占全部规上服务业企业的29.8%。全市快递服务企业业务量累计完成23042.70万件，同比增长79.48%。五是物流市场主体增长迅速。近年来，我市抓住国家振兴物流产业的政策机遇，吸引了多家交通中转型（盖世物流）、城市快消型（京东物流及安博物流）、国际陆港型（宏运通物流）、多式联运型（济铁齐河物流）、物流地产型（普洛斯）等中大型物流企业聚集，提升了德州的知名度，奠定了德州在全省北部物流重镇的地位。在吸引大中型知名物流企业进驻的同时，当地为数众多的中小型物流企业也得到了长足发展，截至2020年底，全市物流企业达到1800多家，形成了由多种所有制、不同经营规模和各种服务模式构成的、具有行业特色的物流企业群体，市域内拥有货运车辆47800余辆。

## （二）工作汇报

所谓汇报就是通过综合材料向上级报告工作，是党政机关常见的文种之一。机关里常流行这样的话，"三分工作，七分汇报""工作干得好不好，全靠汇报写得好不好"。这些观点虽然有失偏颇，却从一个侧面反映写好工作汇报的重要性。但在机关里，文秘人员都怕写工作汇报，说什么"不怕飞机大炮，就怕总结报告"，认为工作汇报难写。其实，工作汇报没有大家想象得那么可怕和难写，它的应用范围很广，在各条战线、各项工作的进程中，都经常使用。主要包括下级机关向上级机关汇报工作，如市委向省委、县委向市委、乡镇党委向县委汇报工作等；部门向本级领导机关汇报工作，市直部门向市委市政府、县直部门向县委县政府汇报工作，如市委组织部、宣传部、政法委向市委汇报工作，市住建局、交通局向市政府汇报工作等；部门向所属的上级主管部门汇报工作，不仅垂直管理的下级部门必须经常向上级部门汇报工作，而且一些有直接业务联系的下级部门也有汇报工作的责任，如市中级法院向省高院汇报工作、市委党校向省委党校汇报工作等；个人向单位、个人向组织、一般工作人员向领导汇报工作，如个人把自己全面或阶段工作完成情况、某项工作任务的完成情况、外出学习培训、挂职驻村的收获体会等，也可以写成汇报材料提供给组织或领导。工作汇报按照汇报问题涉及的范围不同，可分为四个方面。

一是向第一次来检查指导工作的领导汇报。上级领导如果第一次到一个地方或部门来检查指导工作，这时候就需要把这个地方或部门的基本情况、地方沿革和发展条件甚至地名的由来等作一个简要介绍，然后把有创新特色、体现地方和部门发展水平的工作成绩、存在的主要问题和下一步打算逐一汇报。若是人大、政协领导来视察，还应分别加上人大、政协工作。因为领导是第一次来，情况还不太熟，不便表态，所以提建议要求可以从政策层面去提，一般不要提解决某个具体问题的建议。

二是某项工作进行中的专题汇报。上级安排部署交办某个单项工作后，有时需要及时掌握了解下级的执行情况，这时就需将思想认识、工作措施、特色做法、取得的初步效果，以最快的速度向上级进行书面汇报。这其中两点最为重要：第一是反应迅速，第二是有创新措施。因为是工作刚开始，效果可以用概括语言即可。2022年疫情防控，我们承担德州学院490名学生、315名援助威海核酸检测和到禹城、平原两市县流调三批人员隔离任务。3月13日17:00,我接到市政府办公室电话,立即做好房间消杀、床品更换、防疫物资准备。14日上午即完成接收任务,下午我就给市委统筹疫情防控和经济运行工作领导小组指挥部写了做好隔离保障的专题汇报。因为这项工作市领导很关注,汇报迅速在有关领导之间传阅。15日上午,省政府领导就在市领导陪同下到党校检查隔离点工作情况,对我们的做法给予高度评价和充分肯定,伸出大拇指给我们点赞。16日,我又给市委、市政府报送了《市委党校加强对集中隔离人员的人文关怀》的情况汇报。因为人员被隔离后,领导最关心的是隔离情况怎么样,此时我正好写了这一汇报,所以,市政府领导在全市大会上对我们进行了表扬,市委领导专门作出批示表扬:"党校落实市委疫情防控指挥部部署坚决、有力、有效,一夜之间即做好迎接500名隔离学生入住的准备,实属不易,同时注重对学生的人文关怀、思想稳定,使学生感到党和政府的温暖。这都证明党校姓党是经得住考验的。望继续做好相关工作,确保隔离学生安全、舒心。"另一名市委分管领导同志也作出批示表扬:"感谢党校领导班子和广大教职工的辛苦付出!望继续做好相关工作,擦亮党校姓党品牌。"3月29日,我又给市委、市政府报送了《市委党校圆满完成三次集中隔离点任务情况汇报》,并编印了《中共德州市委党校做好疫情防疫隔离点工作指南》一书,市委主要领导同志专门在《情况汇报》上作出批示:"对市委党校所做工作提出表扬。"从3月13日—29日,16天时间,我写了三篇汇报,编了一本书,三位市委领导作批示,市政府几位市长给予表扬,至此,这项工作圆满收官,也促进了所需经费的足额迅速拨付。

所以，工作不但要干好，还要总结好。《毛泽东选集》中有两大思想极为重要：一是团结，二是总结。团结就是力量，总结就是威力。毛主席说："我是靠总结经验吃饭的。"可见总结的重要性。

三是书面汇报。上级有时要求下级对整体工作或专项工作报送书面汇报，这种汇报的结构主要为总结前段工作情况、找出存在的突出问题及今后打算。如2022年6月21日，我们专门给山东省委党校（山东行政学院）以《坚持创新引领　打造高水平红色学府》为题，书面汇报了上半年的工作情况，省委党校（山东行政学院）常务副校（院）长作出批示："德州党校的创新经验，请各位校领导参阅，各机关部室学习。要从实际出发，进而加大创新力度，以创新出活力、出人才、出效益、出经验。"随后，市委主要领导同志也作出批示："望继续探索创新，争取走在前列。"8月4日，《德州日报》在头版，用近5000字刊登了我校的创新做法。在省委党校办学质量综合评估中，我校荣获"优秀"等次，在2022年度全省党校系统考核中，我校进入前4名。为此，我们专门给市委主要领导同志呈报了《市委党校争创全省先进党校情况汇报》，领导当即作出重要批示："巩固扩大成绩，拓展办学思路，争取更大成效。"市政府领导也给我们作出批示："成绩来之不易，望再接再厉，不断创新发展。"市委分管领导也作出批示："总结成绩，提高站位，提升标杆，进一步做好巩固、优化、提升工作，争取更加优异的成绩。"2023年11月17日，我校向市委主要负责同志书面汇报了近期连续得到中央党校（国家行政学院）和新华社、《学习时报》等国家新闻媒体重点关注的情况，市委主要负责同志也及时作出批示。

四是上级领导来调研时的汇报。我们经常会遇到上级领导就某一问题来基层调研,目的是总结基层的一些好经验、好做法,遇到的问题、有什么建议等。来调研的人大都希望通过开座谈会听取汇报,有所启发、有所收获,以便总结成在面上可复制、可推广的经验。在这种情况下,就要把调研的题目吃透、把方方面面涉及的问题想全、写深。如前几年省委组织部来德州调研培养选拔年轻干部工作并召开座谈会,市委组织部的部长叫我在座谈会上作发言,我说:

> 根据通知要求和自己在市县组织部门多年工作经历,结合平时所见所议、所思所悟,就当前培养选拔年轻干部亟须解决的8个问题、做好下步工作的6点建议和具体工作中应注意的6个问题,谈几点体会和看法。由于自己离开组织工作岗位已有多年时间,干部工作的一些新要求和形势发生了很大变化,有些政策可能把握不准,不妥之处,请各位领导谅解。当前培养选拔年轻干部亟须解决的8个主要问题:思想认识问题、急配现找问题、来源单一问题、培养链条问题、破格提拔需规范问题、机制不健全问题、年轻干部自身素质不过硬问题、今后几年到龄退休干部较少没有职数无法提拔问题。加强年轻干部培养选拔工作的6点建议:观念要转、步伐要快、培养路子要宽、日常考核要实、改革力度要大、后备干部来源要广。培养选拔任用年轻干部要注意的6个问题:一要注意选拔全过程的信息公开,二要注意年轻干部的多岗位历练,三要注意年轻干部每个岗位一定的工作年限,四要注意对年轻干部成绩的科学评价,五要注意对年轻干部工作生活的细节要求,六要建立健全年轻

干部选拔任用后的舆情应对机制。

这个发言效果很好，参加座谈会的领导均给予高度评价。

## （三）典型发言

典型发言不是正式文件、规范性公文，没有统一规定、固定格式，但在实际工作中用途广泛，经常使用。它是指在表彰大会或经验交流会上，先进地区、先进部门单位的代表或个人，报告本地区、本部门单位或个人的先进事迹、工作经验的发言。既然是典型发言，就必然有先进性、代表性、典型性，能吸引人、感动人、启发人，供人学习借鉴，催人昂扬奋进，让人争先创优。这类材料，要努力做到"四个好"。

首先，要有一个好素材。典型发言材料，必须有经验可学之处、先进之处，其典型之处要有"三个新"：一是思路要新，能够创造性贯彻落实上级路线方针政策，勇于探索，意识超前；二是做法要新，老典型具有时代性，新典型具有原创性，其经验具有借鉴性；三是成效要新，取得的实绩实效在本地区内外、同行业中居前列、创一流、能服人。

其次，要锤炼一个吸人眼球的好题目。古人云："题者，额也；目者，眼也。"就是说文字的题目就如同人的额头、眼睛那么显著、重要。俗话说：题好一半文。好的、新奇的、有创意的题目可以起到先声夺人、吸引读者的作用。典型发言的题目应与内容珠联璧合、相得益彰，具体有四点要求：一是题目要简洁，避免烦琐、冗长；二是题目要贴切，概括的内容和材料内容相一致；三是题目要生动，要新颖独特，既是文中应有之义，又能出人意料；四是题目有美感，用字遣词有情怀、有寓意。

再次，要有一个好的侧面。不能面面俱到，平均用力。有的地方和单位整体工作都很好，但受发言时间和篇幅限制，不可能面面俱到，只能选一个最有代表性、符合当前形势、切合会议主题，且素材比较丰富、最有说服力的一个侧面用力挖掘好。

最后，要有一个好表述。典型发言不仅内容要言简意赅、文约事丰、简明扼要，而且语言尽可能精雕细琢、文字精练、富有文采，具有较强的感染力、说服力、影响力。努力做到：特色鲜明，就是人无你有、人有你新的东西；生动感人，材料具有较强的可听性、可读性，娓娓道来、鲜活生动；说服力强，工作经验做法令人信服，并有很强的借鉴推广价值。

典型发言写好不容易，一般有时间限制，有的10分钟，有的15分钟，最长的不超过半小时，现在一般5~8分钟，要想在短时间内的发言给人留下深刻美好印象，要认真提炼内容，一定要写实，不要空洞，最好里面各段题目用排比，这样人们便容易记住。如2009年我在中组部举办的全国组织部长培训班上作"如何建设学习型党组织"的发言，在开头，我说：

> 近几天，我听了中组部各位部长讲话，感受到了语重心长，推心置腹，发自肺腑，不仅仅是工作上的安排和交代，也是责任上的激励和鞭策，更是对县市组织部长的期望和厚待。作为

县委组织部长，官位不大，责任不小；权力不大，压力不小；人手不多，管事不少。可以说，大事难事硬事琐事中心事牵头事，事事关心；县情乡情村情民情党员情干部情，情情挂心。能够有机会参加这次培训班，我备感振奋，备受鼓舞，也加倍珍惜。特别是通过培训，对进一步做好组织工作，思想通了，任务清了，责任重了，办法多了，信心增了，决心大了，关键是干了。

在具体做法中，我总结提炼了"6个创新"：创新学习理念、创新学习方式、创新学习制度、创新学习品牌、创新学习手段、创新学习效果。此次发言受到与会者的广泛好评。

## （四）调研报告

习近平同志指出："调查研究是做好领导工作的一项基本功，调查研究能力是领导干部整体素质和能力的一个组成部分。"[①]2023年3月，中共中央办公厅专门下发了《关于在全党大兴调查研究的工作方案》的文件，省市也陆续出台了具体落实意见。调研报告是对某一情况某一事件某一经验或问题进行客观实际情况的调查了解，将调查了解到的全部情况和材料进行"去粗取精、去伪存真、由此及彼、由表及里"的分析研究，揭示出本质，寻找出规律，总结出经验，最后整理成材料，这就是调研报告。它的使用范围很广，制定

---

① 习近平：《谈谈调查研究》，《学习时报》2011年11月21日。

方针政策、推广典型经验、了解事实真相等都离不开调研报告。因此，作为机关公务员，一定要努力掌握调研报告的写作方法。调研报告实际上包含三个环节，即调查、研究和报告，调查是重要前提，研究是基础关键，报告是成果体现。陈云同志曾说："难者在弄清情况，不在决定政策。只要弄清了情况，不难决定政策。我们应该用百分之九十以上的时间去弄清情况，用不到百分之十的时间来决定政策。"[1]而绝不是"走一走、看一看、问一问、写一写、报一报"的简单过程，更不是"坐着车子转、隔着玻璃看、到点吃顿饭、拍拍肩膀好好干"，蜻蜓点水、走马观花、浅尝辄止式的作秀调研。具体工作中，调查要做到"六到"，研究要做到"三个认真"，报告要学会"五种写作方式"。

"调查"必须深入实际，准确反映客观事实，全面占有材料，努力做到"六到"。

一是身到。"涉浅水者得鱼虾，入深水者得蛟龙。"身到就是走出单位门、走出办公室、走出书本、走出网络、走出固有思维，到基层、到一线、到现场、到群众中，不光听汇报、不只要材料，一定要身临其境，把"冒热气""带露珠""沾泥土"的情况吸纳进来。

二是眼到。调研的目的是总结经验、发现问题、解决矛盾、促进工作。要想在调研中发现问题，就要发挥眼睛的独特功能，多看多发现，百闻不如一见。在看的过程中，不光看已经确定好的路线，更要看未准备的地方，这样更容易了解真实情况。

三是耳到。要善于听取各方面情况，顺耳的、正确的情况要听，逆耳的、反面的情况也要听，而且要重点听。

---

[1] 《陈云文选》(第三卷)，人民出版社1995年版，第46页。

四是口到。不耻下问，放下架子，甘当小学生，虚心向下级和基层群众学习。毛主席常说："我就是这么一个人，要办什么事，要决定什么大计，就非问工农群众不可，跟他们谈一谈，跟他们商量，跟接近他们的干部商量，看能行不能行。这就要到各地方跑一跑。"①要像毛主席所说的那样："下马看花，仔细看花，分析一朵'花'，解剖一个'麻雀'，千万不能走马观花，满足于道听途说，一知半解。"

五是心到。就是对掌握的情况进行理性思考，从中提炼出规律性的东西来。首先要把宏观分析与微观分析结合起来，其次要把横向分析与纵向分析结合起来，再次要把静态分析与动态分析结合起来，最后是把定量分析与定性分析结合起来。

六是手到。在调研过程中，要边调查边记录边撰写，发现不清、不实、不全、不准的问题，及时补充调查，使调查资料更客观、更完整、更准确，不要等回到单位后发现缺这少那，再向被调查单位问这问那，不仅费时费力，也影响机关形象。

"研究"就是在充分了解实情和全面掌握真实可靠素材的基础上，认真分析、准确透彻地揭示事物的本质。习近平总书记指出："调查研究，包括调查与研究两个环节。"②"从目前领导干部开展调查研究的实际情况看，有调查不够的问题，也有研究不够的问题，而后一个问题可能更突出。有的同志下去，只调查不研究，装了一兜子材料，回来汇报一下写个报告就了事；有的领导干部连调研汇报也不听，调查材料也不看。这种调查多、研究少，情况多、分析少，

---

① 中共中央党校编《马列著作毛泽东著作选读（党的学说部分）》，人民出版社1978年版，第462页。
② 习近平：《谈谈调查研究》，《学习时报》2011年11月21日。

不解决什么问题的调查研究，是事倍功半的。我们要充分认识到，调查研究的根本目的是解决问题，调查结束后一定要进行深入细致的思考，进行一番交换、比较、反复的工作，把零散的认识系统化，把粗浅的认识深刻化，直至找到事物的本质规律，找到解决问题的正确办法。"①因此，调研报告写得成功与否，关键在分析研究。"研究"要做到"三个认真"。

一是认真梳理调研材料。要对调研中收集获取的资料反复斟酌，"取其精华，弃其糟粕"，不真实、不准确的仔细甄别，不完整、不清楚的及时询问。二是认真分析事物规律。揭示事物的本质和规律、把握事物的发展趋势，是研究工作的重中之重。事物的现象可以通过五官去感觉，事物的本质只有认真分析才能被发现。要通过分类、比较、统计、综合、归纳、演绎、想象等方法，对调查了解的各类材料进行由此及彼、由表及里的综合研究，找出事物的规律，用以指导当前实际工作。三是认真提炼材料观点。毛泽东同志说，"要学会用材料说明自己的观点。必须要有材料"②。调研报告的观点是从大量的材料中总结挖掘、分析提炼、系统思考得来的，是对材料从感性认识上升到理性认识的结果。使用材料要善于从不同角度阐明观点，有时用概括的材料，有时用侧面的材料，有时用典型的材料。

撰写报告有五种方式。撰写报告是一个深入、复杂、综合的过程，其结构一般由标题、正文和结尾三部分组成。不同类型的调研报告，具体格式和写作方法也不尽相同。反映情况类的一般框架为：

---

① 习近平：《谈谈调查研究》，《学习时报》2011年11月21日。
② 中共中央文献研究室编《毛泽东思想年编（1921—1975）》，中央文献出版社2011年版，第851页。

基本情况＋主要成绩＋突出问题＋几点建议；总结经验类的一般框架为：主要做法＋取得成绩＋几点启示；揭露问题类的一般框架为：存在问题＋原因分析＋意见建议；研究探讨类的一般框架为：情况介绍＋研究意义＋对策建议；揭示事件是非类的一般框架为：事件过程＋事件性质＋处理意见。

# 五 如何修改材料

## 五 如何修改材料

俗话说："文章三分写，七分改。"可以说，越是写材料高手，越是"大笔杆子"，越重视对材料的修改与打磨。毛泽东主席曾经指出："鲁迅说'至少看两遍'，至多呢？他没有说，我看重要的文章不妨看它十多遍，认真地加以删改，然后发表。"[①]周恩来总理有一次深有感慨地说："希望同志们提高业务水平、文字水平，不要让我再给大家当秘书了。"[②]"玉不琢不成器，文不改不成形。"有毛病就得修改，改一次不行，还要改多次。"文章不厌千回改，佳作常自此中来。"好文章与其说是写出来的，不如说是改出来的，只有在不断的修改中，才能出成品、出上品、出精品。叶圣陶老先生曾说过："写成之后，自己看，优点何在，毛病何在。眼光渐高，笔下渐熟，定会写出好的东西。"不学习如何修改，写作能力不会有质的飞跃。所以，学习写材料，必须具有"一诗千改始心安"的耐性、毅力和行动。如果说写作是文思如泉涌、下笔如有神、驰骋任纵横，是大写意，那么修改则是切磋琢磨、精雕细刻，是工笔画，它是将一件不成熟的作品变为"成品"的最后工序，要具有工匠精神和绣花功夫，需要格外细致和认真，正所谓"千锤万凿出深山，烈火焚烧若等闲"。

---

[①]《毛泽东著作选读》(下册)，人民出版社1986年版，第521页。
[②] 人民出版社资料组编《人民的好总理 纪念敬爱的周恩来同志》(中)，人民出版社1977年版，第116页。

## （一）改的内容

清朝有位著名的文艺理论家、文学家和文字学家叫刘熙载，著有一本论文谈艺的汇编书籍《艺概》，在这本书中，刘熙载说："文有七戒，曰：旨戒杂，气戒破，局戒乱，语戒习，字戒僻，详略戒失宜，是非戒失实。"就是说写文章主题要集中，文气要流畅，布局要严谨，语言要新颖，文字要易懂，详略要得当，内容要真实。这既是作文之要，也是改文之道。作为机关公文材料来讲，主要在四个地方入手进行修改。

第一，从五个方面看政治是否一致。机关材料是党政机关宣传、贯彻、落实党和政府路线、方针、政策的工具，其根本属性是政治性。具体要做到"五个一致"：是否与党和政府的路线方针政策相一致、是否与国家法律法规相一致、是否与上级文件及会议精神相一致、是否与最新的上级指示要求相一致、是否与当地或部门的实际情况相一致。

第二，从三个方面看主题是否突出。一要看中心思想是否鲜明集中，二要看观点是否准确明白，三要看素材是否取舍得当。

第三，从五个方面看结构是否完整。一要看布局是否合理，二要看层次是否清晰，三要看各部分过渡是否自然，四要看逻辑关系是否严密，五要看论点是否鲜明、论据是否充分、论证是否有力。

第四，从七个方面看文字是否准确。即文字校对，也就是人们常说的"对版"。毛主席经常不厌其烦提醒工作人员"校对清楚，勿使有误"。周总理常常为了一个词语戴着老花镜查字典。他们把这些看得很有必要，又很平常。据说，出版社对出版印刷的书籍一般经过三审三校，报纸从成稿到印刷发行一般经过记者、编辑、编辑部主任、值班总编4次校对把关。一要校对文字的表述，二要校对文字的字词，三要校对文字的语法，四要校对文字的搭配，五要校对文字的人名、地名、时间、数字，六要校对文字的引文，七要校对文字的标点符号。标点符号不仅能准确表达文字的句读、层次、段落、语气、语调、专用名称等，还能帮助人们准确地表达思想感情，理解书面语言内容和含义，正如鲁迅先生所说："但是要认真，用点工夫，标点不要错。"[①]但现在许多人不会用标点符号。具体用法大家可以看看于2012年6月1日开始实施的2011年版《标点符号用法》。我国在古代文书中一般不加标点符号，歧义、误解在所难免。为此，1919年，钱玄同、胡适等人联名提出了《请颁行新式标点符号议案》。上海商务印书馆1919年2月出版的胡适《中国哲学史大纲》，是用白话和新式标点写作的第一部"新书"。

## （二）改的态度

我们常说做好工作，一靠能力，二靠态度。同样，修改文章首先必须有正确的态度，只有这样才能把文章修改好。

第一，要虚心请教。古人云：改章难于造篇。好材料与其说是写出来的，不如说是改出来的，如果说写材料是凭实力能力，那么

---

[①] 阿袁编著《鲁迅先生的心里话》，人民出版社2011年版，第100页。

改材料要凭虚心耐心。实际工作中，写得越好的人越虚心，越不太好的人越不虚心。正如人们所说："见过更大世界的人，往往更谦逊；见过的东西越多，反而越朴素，没有身份感。""虚心使人进步，骄傲使人落后"是1956年毛主席致中共八大开幕词中所讲的名言。这个开幕词总计2500多字，竟被32次掌声打断，大家纷纷称赞开幕词写得好，毛主席坦诚地说："这不是我写的，是一个少壮派，叫田家英，是我的秘书。"当时田家英才34岁。可见毛主席他老人家多么谦虚。我们大家都熟知的毛主席著名诗词《沁园春·雪》"北国风光，千里冰封，万里雪飘。望长城内外，惟余莽莽；大河上下，顿失滔滔。山舞银蛇，原驰蜡象……"中"蜡象"的"蜡"原文是"腊月"的"腊"，经诗人臧克家通过请示毛主席后改为"蜡烛"的"蜡"，[①]因为之前的"腊"可以理解为柬埔寨的大象，而修改后的"蜡象"只有一个意思，那就是白象，原来蜡烛是白色的，"白"与"银"正好互相匹配。毛主席过去创作的诗词，大部分经过长达十数载的反复修改，每一次改动时，他都会向臧克家、郭沫若、袁水拍等诗人虚心请教。对于别人给出的意见和建议，他也会反复斟酌。同样，我写的材料，自己感觉差不多后，都是主动找同行，或比自己强的人，或在某一方面有专长的人，或对当前一些提法把握比较准的人，给我提意见，这样定稿我心里才感到踏实。

第二，要精益求精。玉越琢越美，文越改越精。据一篇材料记载，毛主席在写作《论持久战》草稿后，感觉很不满意，后又推倒重写，最后用8天9夜写下了5万多字的经典《论持久战》。曹雪芹的《红楼梦》"披阅十载，增删五次"，真是"字字看来皆是血，十

---

[①] 易孟醇等：《诗人毛泽东》，人民出版社2003年版，第341页。

年辛苦不寻常"。列夫·托尔斯泰的《战争与和平》修改了七次之多，长篇小说《复活》中卡秋莎的外貌描写，修改了20多次才定稿。钱钟书对《围城》多次修改，涉及内容变动达上千处。因此，修改材料必须要有一丝不苟的严谨态度，一个论点，一个字句，一个标点，一个数字，都不轻易放过，文章才有希望修改好。否则马马虎虎，粗枝大叶，是改不出好文章来的。

第三，要忍痛割爱。修改文章要有否定自己的勇气，即使是自己冥思苦想的"神来之笔"，如果有可能因词害意，也要毫不犹豫、"心狠手辣"地删去。否则，不忍心看着自己费尽心血、好不容易写成的材料自己又大刀阔斧地删去，即使有最好的技巧，文章也是决然改不好的。鲁迅先生有一次给北大学生讲课时，在黑板上写了一个大大的"删"字，并且对学生说："你们问我写文章有什么秘诀，我也说不出，要说经验，略有一点，这个'删'字就是从我的经验中归纳出来的。"《领导干部要有坚决的执行力》一文，我前后修改了20遍，定稿时是11943个字，报社说用整版给我登，要求缩减，我忍痛删了4792个字，最后发表时是7151个字。

第四，要专注细心。写材料是一件专业性很强的工作，而修改材料特别需要细心用心责任心，努力做到"文经我手无差错，事经我手请放心"。高手的文章老道天成，看似没有雕琢，实际上雕琢得不留痕迹，即所谓无斧凿痕，这是高度责任心的具体表现。什么是责任心？一是担当起某种职务和职责；二是做分内应做的事；三是做不好而应该承担过失。就是精心、精细、精确、精准地做好每一件事，写好每一篇材料，"致广大而尽精微"。如果开始写材料时都不愿写，写好后更不愿修改，定稿前都叫别人把关，击鼓传花，过目的人不少，但错误却"一路绿灯"，这是态度不端、责任心不强的表现，是写好材料之大忌。

## （三）改的方法

第一，博采众长。俗话说，"当局者迷，旁观者清"。作者一般都会有固有思维、先入之见，找不出短处，因此，要以开放的心态主动找别人给自己挑毛病，广泛接纳和倾听别人的意见和建议，然后取众家之长，补己之短。这不但是修改材料之法，也是一种积极包容的生活哲学。据新华社报道，党的十八大、十九大、二十大报告的诞生往往都要花十多个月的时间，"从瑞雪飘飞到春暖花开，从炎炎夏日到金秋时节"，起草小组要召开数十次乃至上百次会议，对报告进行反复修改、精心打磨，对一些重大理论和实践问题边研究边起草，字斟句酌，在一点一滴中日臻完善。即使在大会召开期间也不停止，还要根据代表讨论反馈意见作进一步修改。

第二，搁置冷却。就是一篇文章写好之后，如果时间允许，不等着急用，可暂时搁置一旁，放空一段时间后，再进行修改补充，看是否还有新思想、新观点、新数字、新要求、新写法。唐宋八大家之一的欧阳修写完文章后，总要贴在墙壁上，搁置一段时间然后修改，有时一篇文章竟会改到一字不留。他晚年修改自己年轻时的作品，苦思冥想，他的夫人怕他用功过度，说："你何苦如此，尚畏先生嗔耶？"欧阳修笑曰："不畏先生嗔，却怕后生笑。"毛主席说，一篇文章、一个讲话，要经受历史的检验，过若干年才公开发表比较稳妥。他1962年初在七千人大会上的讲话，直到1966年初才在武昌第二次定稿，但他仍不愿公开发表，只答应供党内阅读。当然，有些讲话，时间性较强的，他很快就定稿公开发表了。

第三，语感诵读。好的文字材料读起来一定是文气顺畅，朗朗上口，富有美感的。老舍先生曾说："我写作中有一个窍门，一个东西写完了，一定要再念再念再念，念给别人听，看看顺不顺？准确不？别扭不？逻辑性强不？看看句子是否有不够妥当之处。"所以材料写好后，如果单靠眼睛看不出问题来，这时候就要借助耳朵的力量。对写成的材料，从头至尾反复诵读，边读边想，边读边改，在多次阅读和揣摩中发现错误或不妥之处并加以修改。

例如，在《领导干部要有昂扬奋进的精气神》一文中，在写到问题时，我写道："现实中有个别干部提不起'精气神'，整天无精打采、鼓衰气竭、神不守舍。"把"精、气、神"三个字拆开，用了三个成语。紧接着写"精气神"不足具体表现在八个方面。我举三个例子：一是"慢"。说话慢条斯理、汇报慢慢吞吞、工作慢慢腾腾、办事慢慢悠悠、结果满不在乎，懒洋洋、软绵绵、晕乎乎，在岗不在状态，看似每临大事有静气，实则心浮气躁无良策。二是"混"。无所用心、心不在焉、得过且过。把从严治党当成不担当的借口、把中央八项规定当成不作为的托词、把严肃问责当成不干事的理由，把"不贪不占，啥也不干""宁愿不干事，只求不出事"当作为官之道。心中无数、脑中无事、眼里无活、手里无招、落实无果，面对风险不想预案，面对挑战不想对策，面对难题不想办法，碌碌无为想退休，一心只想"软着陆"。三是"油"。油嘴滑舌、油腔滑调、油头滑脑，圆滑、世故、虚伪，像泥鳅一般滑溜溜，人民群众命之曰"老油条""官油子",旧时官场被讽为"巧宦"。这种人光栽花、不栽刺,留着面子办好事,喝酒抢正位、装大辈,光琢磨人、不琢磨事,左右逢源、八面玲珑、见风使舵、邀功诿过,拙于谋事而工于谋人,懒于实干而工于投机,斤斤计较名利得失,油滑得让你看不到他有什么立场、观点和态度,当然也找不到他的建树。这样用排比成语说问题,读起来顺畅上口,很有气势。

第四,调研核实。就是本着对实际工作、对领导负责的态度,对材料所涉及到的重要情况、重要观点和思想以及数字、人名、地名等有关内容,进一步调查确认,根据最新调查结果进行修改。毛主席对自己的著作一向采取极其审慎、严谨的态度。他常说,一篇文章,要七改、八改才比较成熟。他说过他1945年在党的七大的政治报告(即《论联合政府》),开头写了好几次,改了又改,都觉得不满意,后来索性丢开原来的稿子,重新调研构思,酝酿成熟了,只花几个通宵就一口气写成了。

第五,压缩提炼。就是删掉一切不必要的东西,对文章的语句进行删繁精简。契诃夫说过:"写作的技巧,其实并不是写作的技巧,而是删掉写得不好的地方的技巧。"就是能用一句话说清楚的就不用一段,能用成语表述的就不用一句,能用一个字说明的就不用成语,但凡一个字能删掉,一定要删掉。就像古人形容美人的那句名言:身材增一分则太高,减一分则太矮;肤色涂粉则太白,涂胭脂则太红。如有的地方规定:"凡是男的领导不能配备女的秘书,凡是女的领导不能配备男的秘书。"这句话读起来像绕口令,又啰唆,改成"领导不能配备异性秘书"即可。列夫·托尔斯泰在创作他的名著《安娜·卡列尼娜》时,开始时他的导语部分写了两张纸,最后凝练成两句话:"幸福的家庭都是相似的,不幸的家庭各有各的不幸。"其内涵比原来的两页纸还要丰富得多。我写的文章,大都修改十几遍、二十几遍,有的甚至推倒重写,对重要观点、重要提法、重要举措、开头结尾、语言文字、大题目小题目等反复推敲、论证、打磨、凝练,使材料在多次修改中逐步丰富、完善、成熟。有的同志写好后就不想改了,领导和其他同志改了还不高兴,更不看看改了什么,为什么这样改,这样水平就很难提高,也很不应该。因为拒绝别人挑毛病,无异于拒绝进步和成功。

# 六 如何提高材料品质

品质一般形容一个人或一件产品,现在产品讲究品质,生活讲究品质,写材料也要讲究品质。品质意味着品位和质量,公文材料的品质直接决定或代表着一个机关的决策水平、执政能力和对外形象。写出高品质材料,必须注意把握五个关键点。

## (一)不讲过时话,要与上级精神符合

"凡益之道,与时偕行。"据有关部门统计,每年大约有1000多个外来词语进入我们的汉语系统,对这些应时而生的语言和词汇,我们要虚心学习,灵活运用。同时政治语言也有很强的时代性。例如,党的十八大以来习近平总书记经常讲的,"人民对美好生活的向往,就是我们的奋斗目标""中国梦""中华民族伟大复兴""要坚持'老虎''苍蝇'一起打""绿水青山就是金山银山""照镜子、正衣冠、洗洗澡、治治病""撸起袖子加油干""人类命运共同体""幸福都是奋斗出来的""世界百年未有之大变局""我将无我,不负人民""江山就是人民,人民就是江山""千头万绪的事,说到底是千家万户的事""中国式现代化"等等。同时根据形势的发展,上级党委、政府总要提出一些阶段性新任务、新目标和新措施,社会发展中也会不断推出一些新名词,2020年

第12版《新华字典》就收录了"初心""点赞""刷屏""二维码"等100多个新词语，还增补了"卖萌""拼车"等50多个新词新用法。"诗文随世运，无日不趋新。"语言是时代的音符，与时代共舞，文秘人员写材料时也要学会用时尚语言，紧跟时代步伐，把握时代脉搏，关注时代发展，与时代同频共振。

## （二）不讲过头话，要与会议目的符合

会议是安排部署工作、研究解决问题的。所谓"会议"，就是会而有议，议而能决，决而能断，断而能行，行而有果。所以，凡属重要会议领导之间事前都进行了沟通，若有重大事项出台，都经过了相关会议集体研究决定。这就要求给领导起草讲话，必须循着会议所要达到的目的进行。对已经完成的工作评价要实事求是，不能评价过头，对正在进行的工作评价要中肯实在，不能夸大其词，更不能随意拔高。属于动员性的讲话，鼓舞士气的"度"必须把握好，防止把未经商量、条件暂且又不具备的东西写进材料，这极易造成工作被动。另外，领导讲话中涉及对人和事的表扬与批评，要注意把握分寸，不可过重或过轻。大的会议上一般不对具体的人和事作表扬批评，若表扬只点到集体，若批评只点到现象，特别优秀和特别严重的可点到集体或个人。

## （三）不讲题外话，要与领导意图符合

一般说来，会议针对性非常强，讲话稿应写与本次会议有关的话题，不要顾左右而言他，因参会人员的确定性，讲了题外话后也无人落实，讲也白讲。

## （四）不讲外行话，要与实际情况符合

俗话讲，隔行如隔山。我们虽然要求文秘人员尽其可能什么都学，什么都懂，成为各项工作的内行，成为全才、博才，但每个人天赋不同，思想容量空间有限，不可能什么都懂，有些工作可能熟悉，有些工作可能生疏，所以写材料时应先写自己熟悉的东西，不熟悉的东西尽量少写或现学现卖，防止"以其昏昏，使人昭昭"。尤其那些专业性、技术性较强的材料，需要在起草过程中借喻明理，做到深入浅出、通俗易懂，"让外行说内行，内行说不外行"。

## （五）不讲难懂话，要与受众能力符合

随着计算机和网络技术的普及，现在党政机关材料中也适当采用了一些网络语言，如"门户网站""博客""市长信箱""佛

系""网吧""正能量""粉丝""给力""点赞""内卷""躺平"等。现在90、00后的年轻同志，对各类网络语言十分推崇，在起草文稿中，切忌将其中一些写进去，如吐槽、八卦、拍砖、拉风、呆萌、泪奔、爆棚、盘他、帅锅、栓Q、摆烂、集美、打酱油、坐沙发、萌萌哒、小鲜肉、大冤种、凡尔赛、退退退、绝绝子、大聪明、恋爱脑、干饭人、蓝瘦香菇、我不李姐、YYDS、666、999、9494、2333、我真的会谢、芭比Q了、傻白甜、刘畊宏女孩、王心凌男孩、雪糕刺客、服了你个老六……还有大量外来语言的引进，并简明成字母组合，如世贸组织WTO、国内生产总值GDP，大部分人知道，但CPI（消费价格指数）、PPI（生产价格指数）、PMI（采购经理指数）好多人就不知道。要尽量避免这些不好懂的称谓，改成汉语习惯说法。另外，一些地方方言在公文中也要尽量少用，如把今天叫"几门"，把疾病叫"阵乎"，把哭泣叫"列白"，把中午叫"晌午头"，把加班叫"恋晚"，把做饭叫"揍饭"等，还有片儿汤、小样、营生、板正……

# 七 如何避免差错

毋庸置疑，写材料是一种高强度创造性劳动，错误在所难免。对此，我大体梳理归纳一下这些错误，主要有四个方面。

## （一）关于材料中称呼问题

目前，极个别党政机关中称呼混乱，工作人员之间不互称"同志"，领导称下属为"马仔"，下属称上级为"老板、大佬"，同级之间也互称"帅哥""美女"等，严重损害了党政机关形象。中央曾多次发文明确：党内要互称同志。1965年，中共中央发出《中共中央关于党内同志之间的称呼问题的通知》[1]，要求"今后对担任党内职务的所有人员，一律互称同志"。中共十一届三中全会上，中央再次要求："党内一律互称同志，不要叫官衔。"中共十一届五中全会通过《关于党内政治生活的若干准则》中明确规定，在党内所有党员都是平等的同志和战友。党的十八届六中全会审议通过的《关于新形势下党内政治生活的若干准则》规定："坚持党内民主平等的同志关系，党内一律称同志。"[2]

在我党历史上有多位领导同志对"同志"的称呼进行了特别强

---

[1] 中央档案馆、中共中央文献研究室编《中共中央文件选集（1949年10月—1965年5月）》（第四十九册），人民出版社2013年版，第406页。

[2] 《关于新形势下党内政治生活的若干准则》，人民出版社2016年版，第26页。

调。一是新中国成立后，出于对毛泽东等领导人的尊敬，在党内的文件中出现了称呼职务的现象。对此，1959年毛泽东专门写信给刘少奇、周恩来等中央领导，认为"这种旧习惯应当改过来""建议党内一律用同志称呼，不要以职务相称"。二是1984年，武汉一名职工在给邓小平同志的信中用了"小平同志"这样的称呼，邓小平同志阅后，用红笔圈阅批示：头一次看到这样的称呼，我很喜欢。三是习近平同志曾在十八届中央政治局第三十三次集体学习时指出，倡导清清爽爽的同志关系，规规矩矩的上下级关系。可是我们党内许多会议材料称呼不规范，有的称各位领导、各位同志，有的称尊敬的××领导，还有的称呼领导同志职务，少数场合还称"女士""先生"。党内会议材料正确称呼就是"同志们"。人大、政府、政协、军分区一般性工作会议材料前面也应称"同志们"，但法定会议称呼有所改变，如每年人大、政协例会工作报告就要称"各位代表""各位委员"。人大举行常委会就要称"主任、副主任、秘书长，各位委员"。如遇招商引资、项目开工或庆典活动，称谓可以适当放宽，重要外宾、境内外投资者可称"女士""先生"。还有一些特例，如对德高望重的女士称"先生"，毛主席就称中国著名女建筑师、诗人、作家林徽因和孙中山夫人宋庆龄为"先生"。另外，市党代会、市人代会、市政协会，不能说市"三会"，应该说市党代会、市"两会"；人大召开各类会，简称"大会"，不能写成"会议"；政协召开各类会，简称"会议"，不能写成"大会"；等等。

## （二）关于领导体制表述问题

现在材料中常常见到这样的表述："在市委、市人大、市政府、市政协领导下"，或"我代表市委、市人大、市政府、市政协表示热烈祝贺"等。从严格意义上说，这样表述是不对的，按照我们国家政治体制，领导只能在党委、政府领导下，人大属权力机关，政协是履行参政议政职能的国家机构，它们的职能是法律监督、工作监督和民主监督。在材料中还不时看到"六大班子"表述，这也不够准确，通常只用"市几套班子"或"市四套班子"。

## （三）关于常识错误问题

常识错误主要包括四类：第一类是公文标题。包括文种重复、介词连用、介词缺少、"转发"与"印发"混淆、用词不当、标点符号错用、文形式及文种漏发等7种。例如，"关于……意见的函"正确写法应删去"意见"，"关于对……的批复"正确写法应删去"对"。第二类是正文内容。包括引文不规范、标注简称不规范、层次序号错误、简称错误、时间表述不当、年月日表示不当、前后用词不统一、标点符号少用、多个附件排列不当、无正文页处理不当等10个方面。例如，在时间表述上，截止2023年10月1日，应将"截止"改为"截至"（截止——活动已停止，一般用于某一时间之后；截至——活动还在继续，一般用于某一时间之前，如"截至昨日，已有上千人报名"）。用汉字表述年、月、日，如"二〇二三年三月一日"，应改为"2023年3月1日"。第三类是结尾部分。主要错误是抄送部分处理不当。例如，"抄送：城投集团、城建公司、市住建局、市交通运输局"，是错误的。由多个单位并列时，同一系统单位用"、"号，不同系统单位用"，"号隔开，最后加"。"号。正确写法应为："抄送：城投集团、城建公司，市住建局，市交通运输局"。第四类是规范提法。主要是一些提法不准确、不规范、不严谨，对一些定论的语言不能更改、修饰。如坚定捍卫"两个确立"、坚决做到"两个维护"，前面两个词是固定的用法，再好的词也不能代替。再比如，市委提出的"深化融入京津冀协同发展"中的"深化"就不能改成"深入"或"深度"等。对此如果记不清楚，必须查一查有关资料。

## （四）关于避免错别字问题

汉字从甲骨文演变而来，有会意字、象形字、形声字之分，望文生义就会念成错别字。在材料写作中，我们应当尽量少用生僻字，避免有的领导念成错别字，给会议带来不良影响，也成为大家茶余饭后或多年后的谈资。如经常把成语呱呱坠地中的"呱（gū）"常读成"瓜"，一曝（pù）十寒中的"曝（pù）"常读成"爆"，大家听了非常不舒服。诸如"皈（guī）依"读成"板依"，"盱眙（xū yí）"读成"于台"，"果脯（fǔ）"读成"果普"，"发酵（jiào）"读成"发孝","参差（cī）不齐"读成"参叉不齐",姓氏中"解（Xiè）"读成"姐","单（Shàn）"读成"但","仇（Qiú）"读成"愁"等,在现实生活中比比皆是。还有一些地名也易读错,如"亳（bó）州"常读成"毫州",山西"洪洞（tóng）"读成"洪洞（dòng）",浙江"乐（yuè）清"读成"乐（lè）清"等。对容易读错的字,要标注上拼音或读音相同的别字,以维护领导同志的良好形象。

# 八

# 如何把公文写成美文

# 八 如何把公文写成美文

我前面讲了怎样写好公文,而把公文写成美文却是公文的更高层次,非一般初学者所能达到,只有把公文写得驾轻就熟、游刃有余、挥洒自如才能做到。把公文写成美文,在我国自古有之。在古代,文与言是相分的。也就是说,"言"即平时说话可以随便一点,但要落成文字,就要追求尽善尽美。历史上那些流传千古的华章,实际上不少都是公文,如诸葛亮的《出师表》、李密的《陈情表》,都是向最高领导写的请示报告。这些公文,情真意切,感人肺腑,"读《出师表》不流泪谓之不忠,读《陈情表》不流泪谓之不孝",这就是把公文写成美文的魅力。

古代有人把文件写成美文,令人赏心悦目;而今不少人却把文件写成"丑文",令人望而生厌。早在20世纪四五十年代,毛泽东同志就告诫说,"看这种文件是一场大灾难,耗费精力又少有所得。一定要改变这种不良风气"[①]。习近平同志经常引用"扬州八怪"之一郑板桥书斋里挂着的一副对联"删繁就简三秋树,领异标新二月花",来说明公文写作要求短、求实、求新的追求方向。下面,我简单谈一下如何把公文写成美文。

一要简洁。莎士比亚有句名言:"简洁是智慧的灵魂,冗长是肤浅的藻饰。"古人说"大道至简、大美天成""真传一句话,假传万

---

① 中共中央文献研究室编《建国以来重要文献选编》(第十一册),中央文献出版社1955年版,第55页。

卷书"。写材料同样如此。简洁就是行文简明扼要，干净利落，没有多余的话。我觉得，简洁不仅是文字作品的一种形式，更是文章的一种美的素质。写出简洁的作品，不是一蹴而就的事情，需要有一个艰苦学习和长期锻炼的过程。一般来说，人的经历阅历越丰富，他的行文就越趋向简洁，就像大师写的文学作品一样，这不仅与文字修养有关，也与把握现实、洞察世情有关。生活中越富有的人生活越简单，越好的东西越简洁。如世界首富马斯克，他自称"居无定所"，没有自己的房子，而他每周收入就高达20亿美元。高档奢侈品一般设计都很简单，如LV、古驰（GUCCI）、爱马仕等。男同志都知道，贵的品牌衬衣左边都没有兜，女同志的服饰越简洁越高雅。《生日歌》只有一句歌词："祝你生日快乐！Happy birthday to you。"王菲、陈奕迅、费玉清唱歌没有任何动作，只有一个话筒。因此，可以说，活到极致，一定是简与静；美到极致，一定是素与雅。简洁的主要标志是简短。起草简洁、简短的材料，虽然字数少、篇幅短，但并不是费功夫少、动脑筋少、花气力少，而是恰恰相反，越短越不容易写，写得越短，有时花的时间越多，绝句一般只有四句，我们写不出来。英国原首相丘吉尔对这个问题作了精彩的描述，他说，"如果让我讲5分钟的话，我得提前一周准备；如果让我讲20分钟的话，我得提前两天准备；如果让我讲一个小时的话，我不用准备，随时都可以讲"。邓小平同志是讲话简洁的典型代表。他的语言简洁精辟，善于抓住问题核心，文字不多却传达着耐人寻味的深邃思想。女儿毛毛曾问父亲，长征的时候你都干了些什么工作，邓小平回答三个字——"跟着走"；当孩子们问起他在太行山时期都做了些什么事，邓小平只回答了两个字——"吃苦"；在评价刘邓大军的辉煌战史的时候，他也只用了两个字——"合格"。1973年，邓小平从江西下放地回北京，毛泽东第一次召见他，开口就问"你在江西这么多年做什么"，邓小平只用两个字回答——"等待"；加拿大总理特鲁多问他"三落三起"终能重返政坛的秘诀是什么，他的回答还是两个字——"忍耐"。我到市委宣传部工作后，创办了杂志《德州宣传工作》，我安排研究室的同志撰写了发刊词，写得洋洋洒洒，中规中矩，交给我后，我推断读者会有两个情况：一不会看，因为太长；二即使看了也不会留下印象，因为缺乏创意。但他们已形成惯性思维，认为发刊词就应该这样写。最后我亲自捉刀，全文139个字，大家看后都觉得眼前一亮，过目不忘，简洁生动，富有创意。

## 发 刊 词

德州代有简报出，今日娇子又临风。

从今天起，浏览天下大事，获取新闻资讯，指导宣传工作，您的家族成员将按下列顺序排列：报纸、电视、电台、网络、《德州宣传工作》。

我们的简报宗旨已融进文章的每一行每一字，我们的编辑方针已展现在每一期每一页，我们的竭诚努力请您在每个栏目每篇文章中体味。

真诚希望她成为您工作中不忍割舍的朋友。

这样的发刊词，字字珠玑，句句精妙，段段深情。

人们都知道，遵义会议是我党历史上具有转折意义的重要会议，而从记载的情况看，这次大会作出的决定仅有100多个字："（一）

毛泽东同志选为常委。（二）指定洛甫同志起草决议，委托常委审查后，发到支部中去讨论。（三）常委中再进行适当的分工。（四）取消三人团，仍由最高军事首长朱、周为军事指挥者，而恩来同志是党内委托的对于指挥军事上下最后决心的负责者。"[1] 如此重要的会议，作出的决定却如此简明，真可谓惜字如金。有人感慨地说："如果那时候也像现在这样穿靴戴帽，敌人早就冲上来了。"

总而言之，要把公文写简练，把比较复杂的意思用最短的篇幅写出来，就如同矿石提纯、元素浓缩一样，是要经过千锤百炼的。所以文章写好后，要字斟句酌，反复推敲。"推敲"这个词的出处大家都知道，原来是"鸟宿池边树，僧推月下门"，后来"僧推"改成"僧敲"。"敲"的细微声响更能反衬出月夜的幽静。再说寺门掩闭，恐怕敲的可能性大一些。两下一比较，"敲"字的声音也更响亮一些。所以文章写好后，多推敲、琢磨一下，是十分必要的。

二要生动。曾任毛主席秘书的胡乔木同志在《怎样写文件》中曾提出公文生动的三条标准：其一要引人看，有好的介绍方法，有吸引人的力量；其二要使人看得懂；其三要能说服人，打动人。他还指出，我们写文件就是要用道理说服人，不但说服人，还要能打动人，说服人在理智，打动人在感情，使看的人真正被你动员起来。也就是毛主席所指出的那样："文章和文件都应当具有这样三种性质：准确性、鲜明性、生动性。"[2] 例如，我们讲加强领导干部队伍建设时，一般讲团结，讲团结时一般又讲班子成员在一起是缘分，要

---

[1] 中共中央文献研究室、中央档案馆编《建党以来重要文献选编（1921—1949）》（第十二册），中央文献出版社2011年版，第120页。

[2] 中共中央文献研究室编《建国以来重要文献选编》（第十一册），中央文献出版社1955年版，第55页。

珍惜，都这样泛泛而谈，给人印象不深。在2022年初召开的全市党校工作动员大会上讲到团结时，我说：我们一生会遇到2920万人，相遇的概率是0.000487，会打招呼的是3.9778万人，会和3619人熟悉，会和275人亲近。有人说，两棵树连在一起靠风，两座山连在一起靠云，两个人连在一起靠缘，所以相遇不易，彼此珍惜，一旦擦身而过，也许永不邂逅。再比如，我们经常讲干部要担当实干，怎样才能讲得生动形象？我在一个大会上讲："有一种现象大家发现没有，我们车辆挂牌，德州是'鲁N'，会开车的同志知道，自动挡中如果挂'N'就是空档，任你怎么踩油门，只会嗡嗡响，也不会向前走，我们工作中千万不要挂'N'档，要挂'D'档，要动起来、干起来、向前进。"

对于怎样做到生动，我有这样几方面体会。

## （一）以情动人

"愤怒出诗人，郁闷出文章。"我们起草公文，目的是给人看的，尽管是讨论工作，但提倡什么、促进什么要有感情，反对什么也要有感情。白居易在《与元九书》一文中说："感人心者，莫先乎情。"读有感情的材料，令人如沐春风，使人爱不释手，其中所讲的东西也容易使人接受。无感情的材料，冷若冰霜，令人生厌，唯恐避之不及，很难谈得上发挥作用。例如在今年全市党校工作动员大会上，我在讲了"7个什么"之后，最后我说："同志们，时光如流，岁月如沙！回望虎年的365个日日夜夜，回首一年来的点点滴滴，最为充实的是实干，最难忘却的是争先，最感欣慰的是实干争先，一幅幅画卷、一幕幕场景、一个个片段，时时萦绕在心头、浮现在眼前，那般清晰、那般鲜活、那般难忘。'挥手自兹去，萧萧班马鸣。'岁月的芳华已到兔年，在中国传统文化中，兔的生肖有着智慧和敏捷的象征，对奔跑在新时代、奋进在新征程中的党校来说，实干就是大智慧，争先才是真敏捷，让我们紧跟时代的步伐，实干争先，一年又一年，迎风奔跑，勇毅前行，奋力谱写党校兔年新的辉煌！"再比如我在乐陵市政府工作时，主持一个客商招待晚宴，致辞是这样写的：

尊敬的各位嘉宾，各位朋友，女士们，先生们，大家晚上好：

秋雨绵绵无绝期，细雨霏霏情意长。经过这几天挠人秋雨的洗礼，九月的枣都，红枣满枝，硕果飘香。在这丰收的喜庆季节，我们与各来宾相约乐陵，欢聚一堂，共品金丝小枣，共叙深情厚谊，共度良宵美景，共商合作大计，但愿这美好的季节能成为您永久的回忆，但愿这动人的时刻能成为我们发展共赢的良好开端！乐陵小枣，久负盛名；金丝枣节，享誉中外。第23届金丝小枣节的举办，得到了来自全国各地各位嘉宾的关心和支持，在此，我谨代表乐陵市委、市政府向出席今天晚宴并长期支持帮助乐陵发展的各位嘉宾、各位朋友表示热烈的欢迎和衷心的感谢！俗话说，两座山连在一起靠云，两棵树连在一起靠风，两个人连在一起靠情，是真诚合作、深情厚谊使我们今晚坐在一起，昨晚我们刚度过一个无月的仲秋之夜，今晚我们又相聚在一起，大海航行靠舵手，加深感情靠喝酒，现在我提议，为了我们的友谊，干杯！

因客商来自全国各地，比较随意，所以要运用语言的魅力，把情绪调动起来，把气场聚集起来，为交流合作创造一个良好的氛围，而不能板着面孔，使人很压抑、空气很沉闷。

## （二）以言悦人

机关公文的语言，有自己的审美范畴。它要求朴实无华，规范准确，含义深刻，简洁明快，朗朗上口，有很强的吸引力和感召力。同时，语言规范和文采飞扬并不矛盾，凡是大手笔写出来的东西，都是既严谨规范又文采斐然，既论述深刻、讲理透彻又凤彩鸾章、赏心悦目。如《共产党宣言》在一开头就写道："一个幽灵，共产主义的幽灵，在欧洲徘徊。"

有这样一个故事：一位盲人站在路边，身前放块牌子，写着"自幼失明，沿街乞讨"。过往行人很多，却没人在他面前驻足。一位诗人路过此地，在牌子上加了一句话："春天来了，可我却看不见。"结果，过路的人纷纷解囊。是打动人的文字，触动了人们内心最柔软的地方，让人们不由地伸出援手。一位浪漫诗人这样形容一位女士："啊，夫人，您的眼睛是那么明亮，能够点亮我的香烟。"在我写的许多文章中，有许多生动的语言。如我说："一把手"的"一"，横着是扁担，是扁担就要敢担当；竖着是标杆，是标杆就要作示范。"办公室"的"办"，中间是"力"字，意思是做办公室工作就要下力、出力、卖力；两边各有一点：左边的点代表汗水，右边的点代表泪水。对公务员我形容：好的公务员像篮球，你抢过来，我夺过去，谁都想要；差的公务员像排球，你推过来，我打过去，谁都不想要。古人讲："言之无文，行而不远。"提高公文质量，很重要的是按照公文语言特色，认真进行润色。

### （三）以景感人

就是根据当时开会、发言、讲话等所处的环境、天气、时间，借景生情、有感而发，这样最能打动人。

如我在德州市委宣传部工作时，有一次在夏津召开全市宣传文化创新"部长项目"调度会，正赶上下大雨，我说，今天是"部长项目"第五次调度会，昨晚很多县市区狂风大作、电闪雷鸣、大雨如注、积水过膝，是今年最大的一场雨，部分同志冒雨前来参加会议，此正是久旱逢甘霖、冒雨来夏津。从刚才各县市区汇报看，今年项目各具特色、进展顺利、效果初现、好于预期。但问题也不少，有些问题我已经讲多次了，这次我想起我们工作中的许多问题正好与流经德州的三条河流相吻合。一是岔河。把工作岔开了、曲解了，抓的项目不完全是宣传文化创新部长项目，"宣传文化""创新""部长项目"这三个要素中只符合一种或两种，也就像我经常讲的死拉硬靠、移花接木、指鹿为马。二是减河。把数量缩减了，年初报了三个项目，到现在半年多了，只干了一个两个，多变少了，大变小了、好变差了，把内容缩减了。三是黄河。有些项目开始信誓旦旦，汇报振振有词，越干越不想干，越干越不知怎么干，把项目干黄了、干没了。在我给德城区公务员讲怎样做一名优秀公务员时，因正好是处暑，在开头我说："今天是二十四节气中的处暑。立秋过后秋风至，处暑到来暑热去。虽然酷暑离我们渐行渐远，但大家的学习热情如夏天一样高涨，趁着火热的心情，今天上午，我给大家讲一讲怎样做一名优秀公务员。"

我到德州市住建局工作，参加民主生活会时，正值7月份，我在发言中说：

这是我来住建局后第一次参加民主生活会，前几天我反复思考，我们住建局可以用"五个好"来概括：第一，有一个好"班长"；第二，有一个号召力、凝聚力、战斗力强的好班子；第三，有一个能打硬仗的好队伍；第四，有一个健康向上的好风气；第五，有一个社会公认、成绩斐然的好业绩。我们住建工作可以形象地用"春夏秋冬"来描述。所谓"春天"，市委、市政府高度重视城建工作，各级领导和社会各界对城建工作高度评价，这说明我们住建工作的春天已经到来；所谓"夏天"，现在城区到处都是火热的建设现场，蒸蒸日上的发展势头，就像这炎热的夏天一样；所谓"秋天"，市内的城建项目已经建成或正在建设，就像成熟的秋天一样，孕育着丰收和希望；所谓"冬天"，从群众反映问题看，城建工作还有一些我们需要改进的地方，还有一些群众寒心的问题。

把公文写成美文，不是一朝一夕的事，这需要长期的修养和锻炼，特别是要有恒心和决心。要从一字一句锤炼起，逐步达到炉火纯青的境界。"两句三年得，一吟双泪流。""吟安一个字，捻断数根须。"你可以从报纸上、网络上"拼"出一篇漂亮的文章，但真正打动人的文章是无论如何也"拼"不出来的，因为那是从内心流出来的。一个人所能达到的最终的高度，往往取决于其对自我要求的高度。吉姆·柯林斯在《从优秀到卓越》中展示了"飞轮效应"：假设有一个飞轮，我们开始推动它时，需要花费很大的力气，但是慢慢地，每一次推动它所花费的力气，都会转化为飞轮的能量，让它在每一次转动时都比前一次快，直到最后它自己会转起来，并且越转越快。这也是一个人成长的规律和秘诀。正如某主持人所说："所有的出口成章，都是厚积薄发；所有的从容淡定，都是世事磨砺；所有的游刃有余，都是千锤百炼。"所以，只有年复一年的日积月累，才能换来别人的望尘莫及。要想写出好的公文，非下苦功不可。

# 九 如何保持良好心态

心态的"态"字，拆解开来，就是心大一点。一位哈佛大学教授说，一个人具有什么样的心态，就可以成为一个什么样的人，就会拥有一个什么样的人生。一念天堂，一念地狱，态度决定一切。心态是一个人最好的风水。海伦·凯勒说："面对阳光，你就看不到阴影。"事情往往就是这样，你相信会有什么结果，就可能会有什么结果。如果你的心态是积极的，那生命的阳光必然将你的前程照亮。这就是澳大利亚学者朗达·拜恩阐述的吸引力法则。有人说，只有先改变自己的态度，才能改变人生的高度。所以，作为写材料的"笔杆子"来讲，平时要保持六种心态。

## （一）保持学习心态

学习力是最强的战斗力。如果一个人长期不看书学习，所有的信息、见识、眼界和格局都来源于外界的声音，那么他的价值观就由他身边的人决定，这个人便会失去所有的判断，因为他没有别的输入途径，只能模仿身边的人，或者慢慢被环境所改变，周围流行什么就跟随什么，永远找不到自己，变成一个提线木偶，毫无灵魂地在空中摇摆。去年我看了一个资料，说毛主席晚年从中南海丰泽园搬到了游泳池旁边住，中央警卫局的40名战士搬运主席的生活用品，全部东西只用了一部三轮平板车，而搬书用了7天，总共搬了94763册书。这是毛主席一生读过的书，仅3296册4000多万字的《二十四史》就读了60多遍，294卷300多万字的《资治通鉴》读了17遍，《共产党宣言》至少读了100遍，主席看一遍画一个圈。主席说："三天不学习，就赶不上刘少奇。"①毛主席在去世前一天，还看了两小时十五分钟的书。古人云："不学无以广才，不学无以成才。"学习是世界上门槛最低的高贵举动，它改变你的容颜、丰富你的思想、提升你的逻辑、提高你的谈吐、延长你的寿命，"读书有味身忘老，病须书卷作良医"，在学习上花的每一秒，都会沉淀成将来更好的你。你知道吗？以色列是世界上人均读书最多的国家，2022年达到64本，也是世界上唯一一个没有文盲的国家。第二是俄罗斯（55本），第三是美国（50本），第四是德国（47本），第五是奥地利（43本），第六是日本（40本），第七是印度（30本），第八是法国（20本），第九是韩国（11本），第十是中国（4.4本）。马克思、爱因斯坦、卓别林、毕加索、基辛格、扎克伯格等均为犹太人，从1901年诺贝尔奖首次颁奖到2001年的100年间，在总共680名获奖者中，犹太人或具有犹太血统者共有138人，占1/5，世界10大哲学家中，8人是犹太人。以色列大人们为了让孩子爱上读书，把蜂蜜抹到书本的封皮上，使他们从小就感到读书是甜蜜的事情。一个人问："我看了很多书，但后来大部分都被我忘记了，那我看书的意义是什么？"另一个人回答："当我还是个孩子的时候，我吃过很多食物，现在也记不清吃过什么了，但可以肯定的是，它们已经长成我的肉和骨

---

① 周迅：《人民利益高于一切：刘少奇在湖南调查的四十四天》，人民出版社2013年版，第263页。

头。"读书对人的改变亦是如此。你读过的书，经历的事，等时间长了，那些细枝末节你都忘了，剩下来的就成了你的修养。

这些年工作中，我发现三种现象：第一种是，如果你工作后不停地学习，你就会不停地进步，水平不断地提高，正如人们常说的"一个天天爱笑的人，生活不会很差；一个天天爱学习的人，工作不会很差"。如果你放弃学习，怨天尤人，自暴自弃，你就放弃了进步。一个人的学习能力，如果不用一定会退化，这种能力越用越好用，越用越长进，也就是人们常说的用进废退。第二种是，如果你从年轻时就在一个很清闲的机关，或很忙的机关但很清闲的处室工作，应付应付，不求上进，就不爱学习了，在一个低层次形成认知闭环，被过往的经验束缚了眼界和判断，再也无法走出来，越无知，越固执。你说将来厨师会失业，他绝对不信，因为他不知道预制菜已进入餐桌；你说上海等地有的房子没有厨房，他绝对不信，因为他不知道许多年轻人不会做饭，只叫外卖或外出吃饭；你说AI（人工智能）能根据你的指令在几分钟之内写成一篇材料，他绝对不信，因为他不知道AI生成的写作工具已被广泛应用。所以不学习思想就跟不上形势发展。第三种是，如果你天天沉迷追剧、刷抖音、玩手机，不看报纸杂志、不学业务书籍、不读纸质图书、不做读书笔记、不做摘抄、不划重点语句，接受的只是碎片化的明星八卦、奇闻轶事、心灵鸡汤，久而久之，你的逻辑思维、系统思维、判断思维就会大大降低。

我认为，人与人之间的差距，开始可能是出身、学历、平台、智商、情商之间的差距，但最终是学习力之间的差距。2022年去世的日本经营之神稻盛和夫说："不要停止学习。混一天和努力一天，看不出任何区别，三天看不到任何变化，七天看不到任何距离。但一个月后，看到话题不同，三个月后，看到气场不同，半年后，看到距离不同，一年后，看到人生道路不同。"平庸的人用饭局热闹填补空虚，优秀的人用独处学习成就自己。畅销书作家格拉德威尔在《异类》一书中写道："人们眼中的天才之所以卓越非凡，并非天资超人一等，而是付出了持续不断的努力。一万小时的锤炼是任何人从平凡变成世界级大师的必要条件。"这就是著名的"一万个小时理论"，就是一个人专注做一件事，达到1万个小时，你就会成为这方面的专家。著名文化学者王立群教授说："一个人要想在当前社会中不被淘汰，至少要做到四点：第一，树立终身学习的理念，不断更新知识和理念；第二，对外部的世界，特别是对世界发展的大趋势，要有相当敏锐的感知；第三，要有长远眼光，不能只顾眼前利益；第四，不但要有高智商，更要有高情商。要会控制情绪，能够把控情绪，做到收放自如。"山东省曾提出建设"十字型"干部的理念，即有的干部学习比较广博，各个领域知识都懂一点，那就是"一字型"干部；在这个基础上，专业领域研究得比较深，那就是"T字型"干部；如果还能冒尖，并有创新，那就是"十字型"干部。把自己造就成一名"十字型"干部，就要始终保持一颗学习之心，努力使工作学习化、学习工作化、学习生活化、学习习惯化，逐步养成勤于学习、善于思考、经常总结、不断提高的好习惯。这样写材料时思路才会呼之欲出，下笔才会文思泉涌，词语才会信手拈来，文章才会浑然天成。

## （二）保持年轻心态

新时代新工作新提法，一月月相似，一年年不同，写材料的同志要有一颗蓬勃的心、燃烧的心、向上的心，这样才能永葆材料的生机和活力。现在生活中我发现有些单位的个别同志虽然年轻，但老于世故、老气横秋、暮气沉沉，自以为阅人无数、成熟淡定、熟知深浅了，一脸的饱经沧桑，满口的曾经沧海，实则轻佻肤浅，慢慢落伍。年龄稍大的同志，也不要有论堆、摆烂、躺平思想，你所以感到自己年龄大，是因为我们60岁要退休，从心理上感觉快退休了，职业生涯倒计时了，升迁已近天花板了，工作内生动力源不足了。日本人70岁、德国人67岁才可以退休，韩国人50%60岁以上的人和30%70岁以上的人们仍在工作，你到韩国去，发现46%的出租车司机为65岁以上的人。武则天67岁才当上皇帝，董明珠70岁了，还说我很年轻，才25岁，她要对自己创造的营销模式给自己来场革命。保持年轻心态关键就是要有理想追求、善于思考、充满激情、敢于争先。人们常说：因为年轻，我们一无所有；因为年轻，我们将拥有一切。而这一切的拥有，就从写好材料中获得吧！

## （三）保持平等心态

写材料吃苦受累多，但得到领导赏识的概率也大。对此，决不能自我标榜或自我卖弄。材料的形成有个人的智慧，但更多是集体谋划的结果，还有领导个人思想和意图。若坚持把材料看成是个人的，忽视集体作用和领导思想，这种人很容易走偏。所以，多年来我一直说，写材料的同志必须具有平等待我的精神，不能自我拔高，领导某一次讲话好就说成稿子是我写的。要记住这句箴言："在机关工作，某种想法和提法一旦被领导采纳，便不再属于提出这一想法的人所有了。"李白在《侠客行》中说："十步杀一人，千里不留行。事了拂衣去，深藏身与名。"印度大诗人泰戈尔有段名言："鲜花的事业是美丽的，果实的事业是尊贵的，但是让我们做一片绿叶吧——绿叶的事业是默默地垂着绿荫的。"我觉得用绿叶的事业来形容写材料这项工作再恰当不过了。为了鲜花盛开，硕果累累，让我们乐于做一片谦逊的绿叶吧。

## （四）保持低调心态

俗话说："天狂必有雨，人狂必有祸""水深流去慢，贵人话语迟"。大雁高飞，不是为了炫耀翅膀；英雄做事，不是为了他人赞扬。真正厉害的人，往往少言寡语；真正有实力的人，低调就是最有力的炫耀。现实工作中，写好材料的人往往自视清高，恃才傲物，冷眼观世，目中无人，容易遭到别人羡慕嫉妒恨。你写不好他看不起你；你写好了，他用别的事作践你。你与领导接触机会多，他也吃醋。所以既要与领导保持一定距离，又要与其他同志拉近距离，既要高调做事，又要低调做人。用现在的流行语说就是：写材料要

"高端大气上档次",做人要"低调奢华有内涵"。

## (五)保持健身心态

身心健康是成就人生一切价值的基石。卢梭曾说过：虚弱的身体，永远培育不出有活力的灵魂和智慧。作为文秘人员，强健的身体、健全的人格、充盈的内心，永远是你向上的生命力量。所以说，写材料既不能写傻了，写成书呆子，也不能累垮了，累成病秧子。

写材料的人天天憋在屋里，常年不晒太阳，容易缺钙，造成骨密度低，弯腰驼背；天天趴在桌上，容易患颈椎增生、腰椎突出；天天看着电脑打字，容易患手腕腱鞘炎和干眼症；天天熬夜加班，容易患神经衰弱；天天面对单位的是是非非，容易使情绪起起伏伏；等等。为此，必须树立终身体育意识，培养运动兴趣，养成锻炼习惯。清华大学提出学生要"为祖国健康工作50年"，巴菲特业余时间常做的5件事，其中一件就是每天做运动。不管是散步、跑步、打球、游泳、瑜伽、旅游，一定要有一种或几种适合自己的运动项目，持之以恒、坚持不懈、形成习惯，那就是最好的。

我之所以写了这么多年材料，身体没有被拖垮，讲3小时还不累，就是常年坚持锻炼给我的福报。正像十五届中央政治局常委、国务院原副总理李岚清讲的那样，保持身体健康是"个人不受罪，家人不受累，节省医药费，有益全社会"。人身上有206块骨头，230个关节。人身上那么多关节就是让你运动的，只有运动才能保证关节软骨的健康。关节软骨里没有血液供应，必须得吸收关节液才能获得营养，而关节液只有运动时才能大量分泌。

## （六）保持平常心态

有这样一个故事，对大家应该有一定启发：在一个建筑工地上，有人看见三位忙碌的泥瓦匠，便问他们在干什么。第一位回答说，你没看见吗？我在砌砖垒墙。第二位回答说，我在为他人盖房子。第三位回答说，我在搞建筑艺术。最后，这三个人的结局非常有意思，说在砌砖垒墙的那个人，当了一辈子泥瓦匠；说为他人盖房子的那个人，成了建筑公司的总经理；说搞建筑艺术的那个人，成了著名的建筑大师。这说明，对同一件事情，人的心态不同，最后的结局是截然不同的。作为机关文秘人员，会经常面临身边和服务的领导干部变动问题，往往念材料的人调走了、提拔了、重用了，而写材料的人还在继续写。"人事有代谢，往来成古今"，"总把新主换旧主"。还有些情况就是，当别人正在皎洁的月光下散步健身、闲庭信步时，我们却正在明亮的灯光下绞尽脑汁、头昏脑涨地写材料；当别人正在推杯换盏、喝酒言欢时，我们却正在冥思苦想、身心疲惫地喝墨水；当别人三五好友围坐一起打牌时，我们却独自在机械的键盘上打字符；当别人正在纵情山水、旅游爬山时，我们却正在文思泉涌、奋笔疾书地爬格子；当别人正在万家灯火阖家团圆时，我们却正在一间斗室里因为写材料急得团团转；当别人一夜睡眠正迎着一抹朝阳晨练时，我们却一夜未眠望着晓风残月又开始了新的写作。滚滚红尘，漫漫长夜，青灯孤影，通宵达旦，独自面壁。"三更伴孤灯，五更闻鸡鸣"，一支钢笔，两袖清风，三更不寐，四季劳累，五更难睡，六神疲惫，七窍流泪，八面憔悴，九曲受罪，十分惭愧。一年行，两年行，十几年、几十年一直坚持，一般人很难做到，心里可能会不平衡，甚至主动跑官要官，所以要以平常心态看待这些事，力戒心中浮躁。低级的欲望快乐放纵即可获得，高级的欲望快乐只有克制才能达成，顶级的欲望快乐需要在煎熬中得到满足。据研究，能使人产生快乐的脑内物质主要有四种：多巴胺、内啡肽、催产素和血清素。但这四种激素产生的快乐是截然不同的状态：多巴胺的快乐来自于各种欲望的满足、各种挑战的成功，内啡肽的快乐来自于学习、运动带来的生命力的增强，催产素的快乐来自于美好的人际关系，而血清素的快乐来自于稳定的情绪、平和的心态。对快乐的认识不完整，就很容易掉入多巴胺的陷阱，不断追逐欲望，不知满足。人生需要沉淀，宁静才能致远。熬得住出众，熬不住出局。绝不言败，永不放弃。坚持就是胜利，坚持才能胜利。能坚持别人不能坚持的，才能拥有别人不能拥有的。为什么成功的人很少？因为据研究，一个人专注做一件事情，在没有看到结果的前提下，能坚持一年的，只有50%，能坚持三年以上的，只有30%，能坚持五年以上的，只有20%，能坚持十年以上的，只有3%。这3%的人才能成功。俗话说：三年入行，五年懂行，十年成王。道理也就在此。一般说来，领导对身边的人是给予很大关注的，关键要等待时机，时机不成熟，一切都是枉然，时机成熟了，有时还没想到就让你干到了。在座大家上有老，下有小，中间有领导，有时难免情绪有些波动，甚至抱怨。在这里我忠告同志们一句：不要抱怨，不要发牢骚，与其抱怨，不如改变。抱怨解决不了任何问题，还会使问题变得更加糟糕。

马云曾说:"普通人和成功人士没什么区别,我们都一样,但性格不同导致不同结果,以前看李嘉诚、比尔·盖茨、巴菲特,是那么厉害,我跟他们成为朋友后,我发现人都差不多,交流过之后有一件事情,我一定分享给所有年轻人:第一,他们都很乐观地看待未来;第二,他们永远不抱怨,只反思检查自己的问题;第三,他们有超越常人的坚持。任何一个人,没有这些素质,是永远不会成功的。"我们工作生活中有太多的无奈、太多的不如意,我们都要勇敢面对,拥有积极向上的态度,改变能改变的,接受不能改变的。与其诅咒不平,不如点亮心灯,用笑脸迎接厄运,用勇气应对不幸。毛主席说:"牢骚太盛防肠断,风物长宜放眼量。"[1]陈毅元帅有诗云:"应知天地宽,何处无风云?应知山水远,到处有不平。"[2]你在机关单位上班,很多人仰望你、羡慕你、崇拜你,人生已成功一半,向前看,人有限,向后看,人无限,左右看,不如咱,感恩珍惜别埋怨,知足常乐好好干,省得以后留遗憾,将来想干也不能干。有些事,不争是争;争,不如不争。争反而失去了,不争反而得到了。得之不求,求之不得。争多了,想多了,材料写不好,影响也不好,饭也吃不好,觉也睡不香,本来无你事,庸人自扰之。像陶渊明诗中写的那样:"纵浪大化中,不喜亦不惧。应尽便须尽,无复独多虑。"

我们最强的资源就是我们自己,我们最好的平台就是我们现在

---

[1] 中共中央文献研究室编《毛泽东年谱(1893—1949)》(下卷),人民出版社、中央文献出版社1993年版,第491页。

[2] 中共中央文献研究室编《陈毅诗词集》(下),中央文献出版社2012年版,第533页。

工作的单位，我们最大的背景就是我们所处的新时代，这个时代足以托起你伟大的梦想，而要实现这一梦想，就要努力写好材料，炼成个"笔杆子"。希望大家通过勤学多写，写得一手好文章，写出一个好人才，写就一个好前程！

附 录

# 领导干部要学政策懂业务①

"十三五"已圆满收官,"十四五"大幕正启,处在世界百年未有之大变局中的中国正在掀开新的发展篇章。中国特色社会主义进入新时代。时代时代,时不我待。抓住了就属于我们的时代,抓不住就只有永远的等待。今天的华夏大地,更宏伟的蓝图正在擘画,更伟大的事业正在孕育。熟知政策、精通业务、提升能力是全面开启新时代新征程的根本要求,是推进经济社会高质量发展实现新突破的重要法宝,是领导干部这个"关键少数"发挥"头雁效应"的基本功和履职尽责的必备能力。对于领导干部来说,是否学政策懂业务已不是个人的问题,而是关系到一个地方、一个单位能否提高讲政治的能力本领,增强政治判断力、政治领悟力、政治执行力的根本问题,关系到能否确保上级决策部署和工作要求不折不扣落到实处的具体体现。

今年是中国共产党成立一百周年,我们党历来十分重视依靠制定正确的政策治国理政。毛泽东同志曾告诫全党:"政策和策略是党的生命。"习近平同志强调:"对国之大者,一定要心中有数。"当前,我国改革发展正处在攻坚克难、闯关夺隘的重要阶段,面临许多重大机遇、重大挑战、重大矛盾,领导干部必须学政策懂业务,既要政治过硬,也要本领高强,使自己的专业素养和工作能力跟上

---

① 此文系作者于2021年2月25日在《德州日报》发表。

时代节拍、勇立时代潮流，努力成为做好工作的行家里手，担当起领导重责，把政策红利转化为发展红利，把业务能力转化为发展动力，有效避免陷入少知而迷、不知而盲、无知而乱的困境。

政策是一种特殊且稀缺的资源，其蕴含的"含金量"具有强大的发展机遇、发展潜力、发展优势。而业务知识是在一定范围内相对稳定的系统化知识，是部门单位履行职责、开展工作的基础和遵循。党政机关事业单位既是各项政策业务标准的制定者，也是政策业务的具体执行和落实者。近几年，党政机关事业单位不断深化机构改革，一些部门和单位被精简、裁撤、整合，重新组建成新的部门和单位，部分人员调整到新的工作岗位，或担任新的领导职务，部门和单位的工作性质、工作职能、工作范围、工作内容、工作对象均发生了很大变化，人民群众的政策水平、法治观念、诉求表达等逐步提高，加之新形势日新月异、新任务日益繁重、新政策密集推出、新业务不断更新，我们不熟悉、不掌握、不了解的政策业务仍有很多，领导干部的政策水平和业务能力、知识储备仍有很大提升空间。全国经济发展水平的差距，在一定意义上讲是干部能力和素质的差距，干部的核心竞争力，不在于"包装"得如何，而在于"武装"得怎样。少数领导干部在学政策懂业务方面不同程度存在一些问题，主要表现为"四个不够"：一是学习内容不够。满足于看看新闻、听听广播、读读报纸、上上网页，对国家的大政方针、经济形势、最新政策、业务知识研究不深、领会不透，只知其一不知其二，只知其然不知其所以然，以其昏昏，使人昭昭。二是学习热情不够。没有把学习当作一项责任、一个任务、一种能力来对待，浅尝辄止，一曝十寒。"春日不是读书天，夏日南风正好眠，秋多蚊虫冬又冷，一心收拾待来年。"三是学习方式不够。只看手机、上电脑，不看报纸杂志、不学业务书籍，接受的只是一些市井八卦、奇闻轶事、心灵鸡汤，造成在汇报工作、推动落实时，一头雾水、一知半解，习惯用"也许、大概、可能、差不多"，心安理得地充当胡适先生笔下的"差不多先生"。四是学习时间不够。为何没有时间呢？"时间都去哪儿了"？其原因主要是"十个不能"：上级通知的会议，不能不参加；自己组织的活动，不能不讲话；各级领导来调研，不能不陪同；自己安排的工作，不能不检查；外地客人客商来，不能不接待；开业庆典剪彩，不能不捧场；朋友熟人红白事，不能不到场；同学同事的酒席，不能不赴约；孩子生日弥满月，不能不祝贺；家务琐事天天有，不能不去干。这一切的一切，都不好推、不好躲、不好办，都得花时间、费精力、劳心神，哪还有时间、精力去学习。

有人把领导干部的知识结构称为"飞机"型，有机头、机身、两翼。"机头"是管方向的，需要较高的政策水平作指导，才能在纷繁复杂的局势面前头脑清醒、方向正确，这是领导干部的首要任务。"机身"是基本的载体，是做好领导工作所需要的基本知识、基本依据和基本遵循，主要是国家法律法规、有关业务知识等。"两翼"是腾飞的翅膀，主要是有助于提升能力水平的知识，如与政策业务相关的领导科学、管理学、文学、历史、哲学等。现在我们准确把握新发展阶段，深入贯彻新发展理念，加快融入新发展格局，全力打造新发展优势，对新兴领域不熟悉、不了解的情况越来越多，如不持续学习政策业务，把业余时光过多地沉湎于神闲气定、悠然自得、健身品茗，沉醉于推杯换盏、觥筹交错、把酒言欢，就会理论不太通、形势不太清、政策不太明、业务不太懂，思想就会僵化、知识就会老化、能力就会退化，工作起来不知轻重，生活起来不明方向，指挥起来不得要领，就可能言之无物、思想迷茫、处事不当。因此，领导干部对学政策懂业务要思想上高度重视，认识上高度统一，行动上高度自觉，内提素质，外树形象，争当推动高质量发展的"干将"、"能将"和"闯将"，紧紧围绕中央决策部署，通过学政策懂业务，提能力促发展。

学政策懂业务的前提是"愿学愿懂"。工欲善其事，必先利其器。领导干部主管一方、分管一域，承担着执政兴国、执政为民的重要职责，肩负着为官一任、造福一方的重要使命，必须深刻认识到政策业务水平在很大程度上决定着领导水平和工作水平，也是领导干部胜任领导工作的必然要求，绝不能片面认为政策业务是分管领导的事、科室人员的事、有关部门的事，自己主持全面、驾驭全局不需要学、没必要懂，要从主观上、内心处认识到学政策懂业务是领导干部本职的事、分内的事，以"关键少数"带动"绝大多数"。具体学习过程中，决策层是关键，领导班子特别是党委（党组）书记要带头学；执行层是重点，中层干部要强化学；参与层是基础，干部群众要广泛学。通过学习，逐步让主要领导成为行家，让分管领导成为专家，让一线干部成为实干家。然而，正如古人所言："知之者不如好之者，好知者不如乐知者。"领导干部要真正学政策懂业务，还要变"要我学懂"为"我要学懂"，自觉养成学政策懂业务的习惯，把学政策懂业务作为一种工作压力、一种工作职责、一种工作追求，做到自觉学懂、主动学懂，如此才能在好学懂、乐学懂、愿学懂中做到"博学之，审问之，慎思之，明辨之，笃行之"，使学政策懂业务的本领成为第一本领。

学政策懂业务的核心是"真学真懂"。有的领导干部在学懂政策业务上搞形式、作表面，形式实、内容虚，看似轰轰烈烈，实则收获甚微，这其实是"假学"。"真学真懂"必须是全面的，既要向书本学习，也要向实践学习，既要向群众学习，也要向专家学者、国内外有益经验学习；"真学真懂"必须是系统的，既要抓住学习重点，也要拓展学习领域，既有政策理论的学习，也有实践知识的学习；"真学真懂"必须是有针对性的，既学习掌握做好领导工作、履行岗位职责所必备的各种知识，不断提高自己的专业化水平，又要学习各种新知识、了解新事物，不断充实调整自己的知识结构，完善知识体系，提高综合素质；"真学真懂"必须是有探索精神的，"学而不思则罔，思而不学则殆"，学习与思考、勤学与善思是相互联系和相辅相成的，在学懂过程中，要突出问题导向，带着问题学，才能学有所成，学有所获，事半功倍，"脑洞"大开。

学政策懂业务的秘诀是"深学深懂"。学懂政策业务的过程，是一个认识不断深化的过程。机械阅读、简单浏览、心浮气躁、浅尝辄止，"读书读个皮，看报看个题"，"把报纸当废纸，把书本当样本"，都是雨过地皮湿，浅学浅懂，作秀作样。对此，要在"统"上下功夫，正确处理好工学矛盾，确保学习工作两不误双促进；要在"熟"上下功夫，做到对政策业务了如指掌、烂熟于心、娴熟运用；要在"精"上下功夫，精准掌握政策业务、正确实施政策业务、深入发掘政策业务；要在"新"上下功夫，现在国家围绕落实"六稳""六保"任务、促进经济高质量发展，出台了极具含金量的政策包，拿出真金白银支持扩大内需、产业转型升级、科技创新、外贸外资、改善民生等重点领域，对这些新政策要认真分析研究，用足用活用好；要在"常"上下功夫，建立督学、奖学、评学等长效机制，让学懂政策业务成为领导干部的工作常态。

学政策懂业务的途径是"勤学勤懂"。现在领导干部工作千头万绪、事无巨细、新急杂难、活多事重、天忙月累，自然鲜有集中的时间用于学政策懂业务。如果没有学习的自觉性和钻劲、韧劲，天天看似忙忙碌碌、风风火火，就会陷入具体事务之中。要知道，一个爱学习的人，忙也不忙；一个不爱学习的人，不忙也忙；一个不知学政策懂业务重要性的人，讲也白讲。要清楚，任何政策专家、业务能手都不是一蹴而就的，精彩一瞬的背后，往往沉淀着经年累月的积累和不为人知的汗水。对此，一是勤于挤时间，争取把各种零碎的时间、无谓的应酬时间、"别人喝咖啡的时间"、提高工作效率挤出的时间、减少繁杂事务腾出的时间等，都充分利用起来，白天走干讲，晚上读写想，日积月累，集腋成裘，水滴石穿，终有所成。二是勤于广学博学，坚持干什么学什么，缺什么补什么，差什么强什么。三是勤于坚持不懈，学政策懂业务不是一件轻松的事情，要抛开功利、摒弃浮躁、锲而不舍、持之以恒，逐步养成勤于学习、善于思考、经常总结、不断提高的好习惯。

学政策懂业务的关键是"常学常懂"。现在国内外形势变化迅速、新老干部交替步伐加快，新政策、新业务随时代发展不断推陈出新，我们必须树立与时俱进的思想和系统化观念，像"高效蓄电池"一样，不间断地充电，持续地释放能量：一要正确认识分析国际国内形势学习宏观政策业务，二要根据现实发展学习当前政策业务，三要聚焦本单位本部门职能学习本职政策业务，四要结合每个发展阶段不断学习新政策新业务，五要虚心学习、主动借鉴发达地区、周边地市创造的先进政策业务。为提高学习效果，可将各级党委、政府和上级主管部门，对本地区、本领域、本行业、本部门单位已出台的政策、制定的业务进行系统梳理，汇编成册，人手一份。要积极开展"学政策懂业务、提能力促发展"活动，采取专家讲座、集中研讨、专题培训、个人自学、考试检查等灵活多样方式，提高干部学政策懂业务的热情，提升干部专业思维、专业素养、专业方法，让学政策懂业务的过程变为抢抓机遇、担当作为、促进发展的过程。绝不能因政策不懂、业务不熟而占着位子不想事、拿着薪水不干事、带着笑脸不办事。

学政策懂业务的目的是"用学用懂"。学政策懂业务的目的不是发表了多少理论文章，也不是具备口若悬河的演讲才能，而是把所学知识渗透到骨子里，融化在血液里，转化成做好工作的素质和能力。我国古代视"学"与"习"为两种不同的概念，"学"为获取知识和经验的行为，"习"是对所学知识的"实践与试验"。学以致用，才是学习的根源与出发点。习近平总书记指出："领导干部加强学习，根本目的是增强工作本领，提高解决实际问题的水平。""纸上得来终觉浅，绝知此事要躬行。"一是用政策业务能力提升促进科学决策。找准本部门单位工作实际与上级政策业务的结合点，用足用好用实现有政策业务，精准分析研判，实现政策业务效益最大化。二是用政策业务能力提升促进工作落实。对政策业务允许的事坚决办，不拖；对政策业务能办的事马上办，不等；对政策业务暂时无明确规定的事想法办，不推；对涉及政策业务多个部门的事协调办，不踢。三是用政策业务能力提升促进服务水平。首先是热情服务，一张笑脸、一个微笑、一杯清茶、一把椅子、一声问候、一个政策的解答、一种业务流程的简化，使人有如沐春风、游子归家的感觉。其次是真情服务，就是严格按政策规定、按业务要求、按工作制度办事，不越级、不越权、不越轨，不刁难、不推责、不怠慢，真正把群众"盼的事"变成领导干部"干的事"。最后是亲情服务，政策有温度，业务有感情，对服务对象政策业务范围内的事，要体现在主动上、体现在认真上、体现在细节上、体现在急人所急、想人所想的贴心态度上。四是用政策业务能力提升促进问题解决。领导垂范是无声的命令，榜样示范是最好的说服。领导领导，引领指导；干部干部，先干一步。领导干部学政策懂业务，不解决问题，就是最大的形式主义；不化解矛盾，就是最大的官僚主义。要坚持不回避问题、不遮掩问题、不害怕问题，碰到难题敢于触及，遇到矛盾主动化解，不搞时间换空间，不把难题留给后人，以解决问题的实际成效彰显责任担当、体现能力水平、检验学习效果。五是用政策业务能力提升促进工作创新。对政策业务是机械地学习领会，照搬照抄，还是创造性地执行，创新性地落实，体现的是干部能力和素质，反映的是单位作风和形象。要使政策业务发挥最大效益，需要将宏观性政策业务微观化、总体性政策业务具体化、原则性政策业务措施化，只有这样，才能使政策业务迸发出强大的发展推动力，领导干部这"一池春水"才能被搅动沸腾，中华民族才能在"两个大局"相互交织、"两个百年"历史交汇中奋力谱写高质量发展、高品质生活的锦绣华章。

# 领导干部要有昂扬奋进的精气神[①]

俗语说："天有三宝日月星，地有三宝水火风，人有三宝精气神。"领导干部的"精气神"是其精神面貌、气度状态、风采形象的集中体现，它关系到党的形象好不好、关系到事业发展快不快、关系到政令通不通、关系到作风硬不硬。

"人是要有一点精神的。"一个民族、一个国家、一个政党更是如此。习近平总书记在庆祝中国共产党成立100周年大会上的讲话中指出："一百年来，中国共产党弘扬伟大建党精神，在长期奋斗中构建起中国共产党人的精神谱系，锤炼出鲜明的政治品质。"回望百年路，走好新征程，我们要牢记"国之大者"，自觉在思想上政治上行动上同以习近平同志为核心的党中央保持高度一致，始终不渝地忠诚核心、维护核心、看齐核心，准确把握提高政治判断力、政治领悟力、政治执行力的深刻内涵和具体要求，切实体现在行动上、落实在工作中，以昂扬的精气神把上级党委、政府的各项决策部署在德州条条落实、件件落地、事事见效。

精神是旗帜，精神是引领。人一旦有了昂扬向上的"精气神"，就有了一股劲。有了这股劲，就敢去探索、去创新；有了这股劲，就不怕苦、不畏艰；有了这股劲，就能始终充满激情、奋发有为、永不懈怠。多年来，一个个奋斗着的"我"，组成了"我们"，汇聚

---

① 此文系作者于2021年7月7日在《德州日报》发表。

成一支干事创业、昂扬奋进、浩荡前行的干部队伍，全市正是有了一大批政治上靠得住、工作上有本事、作风上过得硬、社会上口碑好的"精气神"十足的领导干部，才有了我们现在的良好局面，才有了我们取得的良好成就，也才有了我们现在的良好形象。

好干部，是人民的需要，国家的需要，更是新时代的需要。习近平同志强调："要充分调动干部的积极性，不断提升工作精气神。"市委主要领导同志也多次在会议上反复强调：当前，德州的发展正站在新的起点上，领导干部要提振精气神、提高工作标准、提升能力素质，培养"狼性"思维、锻炼"狼性"品质、发扬"狼性"精神、争当"狼性"干部，唯旗必夺、敢争第一、勇创唯一。但现实中仍有个别干部总提不起"精气神"，整天无精打采、鼓衰气竭、神不守舍，具体表现在八个方面。

一是"慢"。说话慢条斯理、汇报慢慢吞吞、工作慢慢腾腾、办事慢慢悠悠、结果满不在乎，懒洋洋、软绵绵、晕乎乎，在岗不在状态，看似每临大事有静气，实则心浮气躁无良策。

二是"拖"。工作拖泥带水、拖拖沓沓，能拖则拖，久拖不决，小事拖大、大事拖炸，还美其名曰"拖也是一种工作方法"。甘当木匠，睁只眼闭只眼；充当瓦匠，和稀泥；不当铁匠，硬碰硬，实打实。

三是"推"。推诿扯皮、推三阻四、推聋装哑，充当你好我好大家都好的"老好人"、一团和气从不得罪人的"好好先生"。光栽花不栽刺，留着面子好办事。部门利益争到最大化，部门责任推到最小化。如果给其画像，就是那种"踢皮球"踢来踢去的样子，"打乒乓球"推来挡去的样子，"击鼓传花"怕沾在手里的样子。

四是"懒"。俗话说,能人败于傲,庸人败于懒。这些人思想上无所用心、行动上无所作为、精神上无所追求,不动脑、不动手、不动腿、不动笔,甚至不动嘴,意懒心灰、懒政怠政,甘当"躺平一族",对待工作该干的不干,应拍的板不拍,该签的字不签,睡觉睡到自然醒、走路迈着四方步、哼哼哈哈打官腔。

五是"怕"。工作上胆子小、气魄小,怕三怕四、怕风怕雨、求稳怕乱,不敢闯不敢试,难事找上家,做事抓下家。怕担责,信奉"多做多错,少做少错,不做不错";怕冒尖,只求过得去,不求过得好,一遇新问题首先问"上面怎么定的""外地怎么做的""领导怎么说的",习惯向后看、向左右看、向上看,唯独缺乏向前看;怕麻烦,招商引资怕麻烦、群众工作怕麻烦、领导调度怕麻烦、沟通协调怕麻烦。

六是"混"。无所用心、心不在焉、得过且过。把从严治党当成不担当的借口、把中央八项规定当成不作为的拖辞、把严肃问责当成不干事的理由,把"不贪不占,啥也不干""宁愿不干事,只求不出事"当作为官之道。心中无数、脑中无事、眼里无活、手里无招、落实无果,面对风险不想预案,面对挑战不想对策,面对难题不想办法,碌碌无为想退休,一心只想"软着陆"。

七是"油"。油嘴滑舌、油腔滑调、油头滑脑,圆滑、世故、虚伪、像泥鳅一般滑溜溜,人民群众命之曰"老油条""官油子",旧时官场被讽为"巧宦"。这种人左右逢源、八面玲珑、见风使舵、邀功诿过,拙于谋事而工于谋人,懒于实干而工于投机,斤斤计较于名利得失,油滑得让你看不到他有什么立场、观点和态度,当然也找不到他有什么建树。

八是"低"。思想境界低、自我要求低、工作标准低，自我满足、自甘落后、自甘矮化、自甘平庸，看不到与时代的差距、与先进的差距、与领导要求的差距，不会争先进、不敢创一流、不愿扛红旗。

造成这些问题，既有多年积累的顽疾，也有当下形成的新症；既有客观原因的弊端，也有主观思想的反映。尽管发生在极少数单位、极个别干部身上，但影响很坏，危害匪浅。如对号入座，理应有如坐针毡、如芒刺背、猛击一掌的感觉。可以说我们一些地方和部门工作推不开、步子迈不大，最关键的就是领导干部缺少一往无前的闯劲、不畏艰险的拼劲、百折不挠的韧劲和争创一流的干劲。善除害者察其本，善理疾者绝其源。"精气神"不足问题，是影响我们做好各项工作的"拦路虎"和"绊脚石"，必须从正在做的事情抓起、从需要做的事情抓起、从不好做的事情抓起，以刮骨疗毒的勇气、壮士断腕的决心，铲除生成的土壤，压缩存在的空间，清除发展的障碍。

目前，我市正面临京津冀协同发展、黄河流域生态保护和高质量发展两大国家发展战略机遇，省会经济圈一体化发展、省级新区建设两大省级战略机遇。同时，独特的地缘、便捷的交通、丰富的资源、完善的政策、健全的产业、蓬勃的农业、深厚的文旅、繁荣的商贸和包容的人文等优势，都为德州实现高质量发展高品质生活奠定了坚实基础。刚刚召开的市委十五届十次全会对德州今后先进制造业、科技创新、城市建设、乡村振兴、通道经济、改革开放、改善民生七大工作重点的宏伟蓝图已绘就，天时地利人和已具备，跨越发展其时已至，其势已成，此时不奋发、不拼搏，还待何时？

德州，是我们的德州，"请市委放心，强市有我"，我们一定要珍惜她，像珍惜眼睛一样，珍惜德州的好形象，珍惜德州的好局面，希望大家关心她；德州，是发展中的德州，还有很多问题、很多困难、很多不如意，这些问题、困难、不如意，都是在发展中能够解决的，都是逐渐向好的，希望大家支持她；德州是大有希望的德州，星光不问赶路人，时光不负奋斗者，荣光属于实干家，只要全市领导干部这一"创业团队"的"关键少数"，始终保持昂扬奋进的"精气神"，积极带领全市561万父老乡亲，在市委、市政府正确领导下，把初心落在行动上，把使命担在肩膀上，勠力同心，上下同欲，定会把一个精彩的德州还给大家，一个高质量发展的德州还给大家，一个破茧成蝶的德州还给大家！

### 一、必须要有思想解放、观念革新的"精气神"

我市干部总体给人印象是忠诚老实、厚道实在、听话守规、按部就班、稳稳当当，从某种程度上讲，这无疑是干部的优秀品质。但这种惯性思维、保守思想、传统观念、僵化意识、固有方法，束缚了脑袋、捆住了手脚，表现在工作中则是放不开胆子、甩不开膀子、迈不开步子，身子进入了新时代，脑袋还在旧时代，拿着原来的"旧船票"，永远无法登上新时代的"客船"。思想无形无色，无影无踪，看不见摸不着，最虚最空，但又最硬最管用，能支配左右人的一切行为和行动。思想上的保守是最大的敌人，精神上的差距是最大的差距。如果思想不解放，很难看清问题的症结所在，无法找准突破的重点所向。创新、协调、绿色、开放、共享的新发展理念，既是解放思想的重大成果，又是解放思想的锐利武器。最强者打不倒，自欺者扶不起。我们要清醒地看到，推动德州高质量发展，不是"一阵风"而是"四季风"，不是"要我做"而是"我要做"。面对紧迫的发展形势，艰巨的发展任务，全市领导干部一定要来一次彻底的思想大解放、观念大革新，牢固树立新发展理念，把新发展理念贯彻到经济活动全过程，作为推动工作"破局"的先导，落实到每个具体行动、每项具体工作、每件具体事情上，以更高的思想之新引领发展之新，以更深的观念之变带动工作之变。

思想大解放，观念大革新，要"有经有权"。解放思想不是胡思乱想，不能离经叛道，必须把握好"变"与"不变"的关系。所谓"经"即是"道"，这是关乎旗帜、方向、道路的根本问题，就是坚持以习近平新时代中国特色社会主义思想为指导，增强"四个意识"，坚定"四个自信"，做到"两个维护"。所谓"权"即是"变"，就是因地制宜、因时而动、相机而行，做到准确识变、科学应变、主动求变，敢于闯、敢于试、敢于改，想在前、干在前、闯在前，拼打出一片新天地。

做到"有经有权"，就要"有立有破""敢立敢破"。破哪些、立哪些？德州当前最紧迫的就是要做到"十破十立"：突破信心不足的思想，树立敢于争先的意识；突破墨守成规的思想，树立开拓创新的意识；突破自我满足的思想，树立追求卓越的意识；突破封闭保守的思想，树立开放合作的意识；突破消极应付的思想，树立抢抓机遇的意识；突破怕担责任的思想，树立勇于担当的意识；突破说多做少的思想，树立干字当头的意识；突破反应迟缓的思想，树立立说立行的意识；突破标准不高的思想，树立唯旗是夺的意识；突破不跑不要的思想，树立积极争取的意识。通过"十破十立"，使领导干部真正放活思想、放大胆量、放开思路，变"体内循环"为"敞开大门"，变"求稳怕乱"为"敢闯敢试"，变"德州视角"为"全球视野"，让思想的清新之风荡涤陈旧暮气，激发蓬勃活力。

## 二、必须要有勇于担当、攻坚克难的"精气神"

什么是担当？从大的方面讲，就是胸有大志、心有大我、肩有大任、行有大德；从小的方面讲，就是勇挑重担、勇担重责。领导岗位是稀缺资源，领导干部意味着责任、意味着担当。敢担当、敢作为就是要"在困难面前逞英雄"，就是要"逢山开路遇水架桥"，就是要"明知山有虎，偏向虎山行"，真正成为带领群众攻坚克难的主心骨。

面对困难敢于迎难而上。我们推进工作，不缺方案、不缺措施、不缺方法，缺的是责任担当。德州无论从哪方面讲，都不该落后、都不能落后、更不会长期落后，不能一谈发展就说困难，哪有那么多困难？古人云："为官避难平生耻""事不避难，知难不难"。我们工作中遇到的困难，既是一种考验，也是一种机遇。困难预示着成绩，越是困难的时候，越能锻炼干部的本领；越是困难的时候，干部越能有所作为。困难像弹簧，看你强不强，你强它就弱，你弱它就强。困难越大，战胜之后所取得的成绩也就越大。毛主席经常说，"什么叫工作？工作就是斗争""越是困难多、矛盾大的地方我们越要去，解决了这些困难、解决了这些矛盾就是一名好同志。"希望大家都能成为让市委放心满意的好同志。

面对矛盾敢于直面化解。有志者自有千计万计，无志者只剩千难万难。矛盾问题面前最能考验领导干部的担当精神。敢于担当，就是遇到矛盾不怕事，碰到问题不回避，敢于直面，勇于担责，努力找到化解矛盾的办法；就是要敢于到困难大、矛盾多的地方解决问题，到群众意见大、怨气多的地方化解矛盾，到工作推不开、情况复杂的地方打开局面。

面对危机敢于挺身而出。敢于担当不仅体现在平时，更要体现在紧急关头。前进道路上我们会遇到许多大事难事，领导干部关键时刻一定要豁得出来、顶得上去，真正成为带领群众战风险、渡难关的主心骨。遇到紧急情况，要有胆有识、果断决策，绝不能优柔寡断、患得患失；遇到大灾大难，要第一时间赶赴现场，临危不惧、靠前指挥，绝不能玩忽职守、躲藏回避、贻误时机；遇到突发群众性事件，要及时深入一线，抓紧研究解决办法，绝不能见事迟、行动慢，敷衍塞责、激化矛盾。

面对歪风敢于坚决斗争。坚持以铁的纪律、铁的面孔、铁的手腕查处影响发展的人和事。谁挡路，就要谁让路；谁搅局，就要谁出局；谁失职，就要谁失业。大力纠正庸政、怠政行为，绝不允许占着位子不想事、拿着薪水不干事、带着笑脸不办事。

### 三、必须要有"马上就干、抓紧落实"的"精气神"

"今日复今日，今日何其少！今日又不为，此事何时了？"我们要实现高质量赶超发展，每名领导干部必须始终秉持"马上就干、抓紧落实"的理念，以"等不起"的紧迫感、"慢不得"的危机感、"坐不住"的责任感，全面"紧起来"、迅速"动起来"、主动"干起来"，使"马上就干、抓紧落实"形成风气、形成习惯、形成规矩。

"马上就干、抓紧落实"就要在履职尽责中真干真抓。"肩扛千斤谓之责,背负万石谓之任。"领导干部的职务不是一种待遇、一种享受,也不是一种炫耀,而是一种责任,职务越高,责任就越大,要求也越高,本事也要越大。在其位就要谋其政、履其职、担其责。"干"是硬道理、"抓"是真道理。不干,无从说忠诚,无从说党性,无从说担当。不干,永远不会犯错误,但永远是错误。一切难题,只有在实干中才能破解;一切本领,只有在实干中才能提高;一切机遇,只有在实干中才能把握;一切愿景,只有在实干中才能实现。坐而论道达不到理想彼岸,只有起而行道,才是干事创业的正途。领导干部应该一有任务就兴奋,一说工作就充满激情,越是困难大就越能战斗,越有硬任务越能打硬仗,做到能办大事、会办难事、敢办新事、一心一意办实事。

　　"马上就干、抓紧落实"就要在提高效率中快干快抓。一分部署,九分落实。领导讲话再好,不落实就是空话;政策制定再好,不落实就是废纸。想,都是问题;干,才是答案。原地徘徊一千步,抵不上向前迈出第一步;心中想过无数次,不如撸起袖子干一次。要对领导交办的、群众期盼的、职责应办的实事一件一件去办,一个环节一个环节去抓,能今天办的事绝不拖到明天,能一次办好的事绝不分成两次。要知道,今天再晚也是今天,明天再早也是明天。对该办的事坚决办,不拖;对能办的事马上办,不等;对难办的事想法办,不推;对涉及多个部门的事协调办,不等。真正做到二话不说,说干就干,干了再说。绝不能遇到问题拐大弯、转大圈,抢正位、装大辈,光琢磨人、不琢磨事。

　　"马上就干、抓紧落实"就要在转变作风中实干实抓。作风就是战斗力。干部作风是软环境的硬要素，软环境是经济发展的硬资源。没有"马上就干"的过硬作风，再好的蓝图也会落空；没有"抓紧落实"的热情，再好的机遇也会失之交臂。要大力营造急事急办、特事特办、要事快办、难事帮办的良好氛围，做到文件批阅不过夜、人民来信批办不过夜、一般事项答复不过夜、困难的事不过周、复杂的事不过旬。看准的事、交办的事、决定的事，就要马上办、坚决办，办到最好。不能再等领导催办、等开会督办、等纪委查办。

### 四、必须要有比学赶超、争创一流的"精气神"

"典型本身就是一种政治力量。"毛主席的这句话充分说明了标杆的作用。千川奔腾必有主流，万山磅礴必有主峰。德州要跨越赶超、走在前列，必须放眼全国，拉高标杆，奋起直追，树立"我能、我行、我成功"的强者气势，做到"比"有对象，"学"有榜样，"赶"有目标，"超"有方向，敢于争先，敢创一流。

"比"才可知先后好坏。"知不足，然后能自反也；知困，然后能自强也。"有比较才知道差距在哪里、不足在哪里，才能补足"短板"，攀上新高峰。"比"到底和谁比？就要和上级要求及群众期盼比，与全国最高水平比，与最发达地区比。各地各部门之间也要相互"较劲"，比出干劲、比出动力。只要大家努力去做了，坚持下去了，总有一天会有突破，总有一天会柳暗花明，总有一天会天道酬勤。努力了不一定有收获，不努力肯定没收获。努力了，大家不一定知道；不努力，大家肯定知道。

"学"才可使人进步。面对纷繁复杂的形势，日益繁杂的任务，领导干部本领上的短板、能力上的不足、知识上的弱项、视野上的局限，越来越突出地表现出来。绳短不能汲深井，浅水难以负大舟。对此，领导干部一定要勤于学习，善于思考，克服本领恐慌，提升素质能力。不读书，即使行万里者，也照样是个邮差。只有沉得下去，才能浮得上来。俗话说，做人靠本分，做事靠本领。要通过大学习，提高真本领，做到站起来能说、坐下来能写、走下去能干，白天走干讲，晚上读写想。要加强针对性学习、专业化培训，培养专业思维、专业素养、专业方法，让主要领导成为行家、分管领导成为专家、一线干部成为实干家。

"赶"才可缩小差距。非洲草原上，羚羊每天一醒来，就知道一定要比狮子跑得快，不然就会被吃掉；狮子每天一醒来，就知道一定要比跑得最慢的羚羊快，否则会被饿死。不管是狮子还是羚羊，你都要比别人跑得快才能生存下去，这是铁的法则和规律。我们现在标兵越来越远、越来越多，追兵越来越近、越来越少，必须实行"四个倒逼"推进机制，即"目标倒逼进度、时间倒逼程序、社会倒逼部门、督察倒逼落实"，树立更高标杆，跑出更快速度，才能赶上前方标兵，甩掉后面追兵，实现追跑、并跑到领跑的跨越。

"超"才可走在前列。"心有多大，舞台就有多大。"谁说我们德州就不能引领潮流？敢为人先的德州人曾经争创许多第一，有过耀眼辉煌。1987年，德州棉花生产达到870万担，总产量占全国的十分之一、全省的三分之一，成为全国学习的样板。2009年全市粮食生产两季单产合计1061.4公斤，小麦玉米种植面积1345.3万亩，总产713.2万吨，成为全国首个"亩产过吨粮，总产过百亿（斤）"的地级市。自2007年开始，德州市探索创立了新型农村社区与农村经济园区同步建设的"两区同建"新模式，2013年，得到李克强、张高丽、汪洋等中央领导批示。2016年5月4日，山东省出台《关于深化城乡建设用地增减挂钩试点工作的意见》，明确提出各地要吸收借鉴德州市"两区同建"的先进经验。2010年9月，第四届世界太阳城大会在德州召开，来自50多个国家和地区的3000多名嘉宾相聚德州，这也是世界太阳城大会第一次在中国举办。20世纪90年代，德州民营经济先行一步，走在全国前列，进入新时代也涌现出一批典型经验。德州不是天生的欠发达地区，德州干部也不是天生的比别人差。在千帆竞发、百舸争流的今天，只要领导干部都有自己的绝活、都有自己的拿手好戏、都有自己的亮点制高点，德州的"高光时刻"定会早日到来。

## 五、必须要有"狼性"品质、拼搏奋进的"精气神"

狼的品质和精神是一种无所畏惧、拼搏奋进的强者思维：一是永不言败。狼在猎取时，只要锁定目标，不管跑多远的路程，耗费多长的时间，冒多大的风险，不获猎物，誓不罢休，永不放弃。二是嗅觉敏锐。狼时刻保持高度警惕，非常注意观察环境变化，注意任何一个在视线范围内出现的对手和猎物，不放过任何一次进攻机会。三是主动出击。狼为了在残酷的环境中生存，从不守株待兔，而是主动攻击一切可以攻击和捕获的对象并猎取它们。四是组织严密。狼群有着严明的组织系统和分工，捕猎时，分工明确，步调一致。同时等级严格，低级的必须无条件服从上一级，以保证行动一致。五是勇于奉献。狼在食不果腹时，为了种族繁衍兴旺，会在生命最后时刻，毫不吝惜将自己身躯奉献出去，拯救饥寒交迫的同伴。

六是果敢决断。狼如果被猎人的捕兽夹夹住一只腿，会毫不犹豫咬断被夹住的那只腿，有着惊人的决断力，大事面前，从不犹豫慌张。

狼的这些优秀品质和精神，也是领导干部应该具备的优秀品质和精神，每一名领导干部理应对照反思、学习借鉴，争做新时代"狼性"干部，坚决不做"佛系"干部，要像战士一样，忠于职守、任劳任怨、尽职尽责、敢打必胜，让激情燃烧成为自身的鲜明特质，让狼性品质融入自己的行为自觉。正如鲁迅先生所说："有缺点的战士终竟是战士，完美的苍蝇也终竟不过是苍蝇。"

要做冲锋在前的"头狼"。"群狼赴战场，关键看头狼"。干部干部，关键是干。世界上没有做不成的事，只有做不成事的人。当领导干部要有半夜惊醒、睡不着觉的警觉，不要当得那么潇洒、那么甩手。特别是"一把手"，居于核心，总揽全局，协调上下，工作中要身先士卒，当好表率，时时处处亮出"从我做起、向我看齐、对我监督"的鲜明姿态，亲上火线，带头冲锋，多喊"跟我冲"，少喊"给我冲"，以"关键少数"带动"绝大多数"，以"一把手"带动"一大片"，只争朝夕加油干，不负韶华勇向前。

要做勇往直前的"战狼"。狼狩猎目标，锲而不舍，伺机而动一举攻破，"不战则已，战则必胜"。领导干部要把狼性基因注入血脉、融入骨髓，像"战狼"一样确立目标，毫不懈怠，持久用力，久久为功，永不言败。要宁脱几层皮、不丢一张脸，宁掉几斤肉、不输一口气，做"打不死的小强"。

要做团结协作的"群狼"。狼群居群生，从不单打独斗。人也一样，只有团结在一起，才能形成强大力量。领导干部在一个地方工作，天长日久难免磕磕碰碰，研究问题难免你对我错。欲成大器，必先大气。希望大家多想想别人，多想想大局，多一些尊重理解，多一些体谅包容，善待自己，宽容他人，团结起来共同把德州的事业办得更好。要提倡"四事"：大事讲原则，小事讲风格，有事共商量，无事不生非。

### 六、必须健全机制、永葆长青"精气神"

制度最能管根本、管长远，自觉性只能对某些人在某些时候起作用。所以提振领导干部的"精气神"，必须要有制度作保障，实现激励与刚性并重、严管与关爱统一。

建立评议机制。要创新"互联网+评议"模式，实行全民大数据评议工程，对能力强、作风正、成绩显著的干部，要给予嘉奖、记功；对连续两年被评为"不满意单位"的，对主要负责人给予组织处理，对分管领导进行问责。

建立问责机制。要动真碰硬，实行即时问责，倒逼干部保持"精气神"。除对重大专项工作引入问责制外，还要对工作不担当、责任不落实、公共财产及人民生命造成重大损失和严重后果的，随时通报批评，依规依纪依法严肃追责问责。

建立免责机制。要认真落实"三个区分开来"的要求，列出容错免责清单，严肃查处诬告陷害行为，为敢于担当负责的干部担当负责，为改革创新的干部解除后顾之忧。

建立激励机制。要政治上关注，把实干者选出来、用起来，树立"实在实干实绩"的用人导向，让实干者工作中不仅"抱着热罐子"，又能"尝到真甜头"。生活上关心，要关心实干者的个人生活、老幼安康、心理诉求，让具有人情味的组织关怀成为实干者的心灵依托。精神上鼓舞，对实干者高看一眼、厚爱一层，让社会充分认同、倍加推崇，要大力鼓励、大声喝彩、大张旗鼓地表彰，设立各种"英雄榜"。经济上奖励，让干成事的人劳有所得、动有所奖。舆论上支持，只要你想干，就给你想干的舞台；只要你敢干，就给你敢干的支撑；只要你干成，就给你干成的奖励。让褒奖之下的勇者越来越多，让正向激励的作用越来越大，让想干事又敢干事的氛围越来越浓，让领导干部始终保持昂扬奋进的"精气神"，在新征程上凯歌以行，书写出德州更新更美的时代华章！

# 领导干部要有坚决的执行力[①]

为政之要,贵在落实;落实之要,贵在执行。领导干部执行力,就是贯彻执行党和国家方针政策、战略决策和工作部署,以及上级指示、决定、命令,从而实现预定目标和任务的能力。执行力是一种境界、一种态度、一种责任、一种行动,更是各级党委、政府的生命力、公信力、执政力。执行力强才能办成事,办成事才能形象好,形象好才能得人心,得人心才能促发展。

目前,我们正处在一个干事的新时代,我们正处于一个干成事的新德州,生逢这一时代,生活在这一城市,我们无限荣光,理应只争朝夕,不负韶华,苦干实干。今年以来,特别是市委十五届十次全会以来,市委深入贯彻新发展理念,全力打造新发展优势,科学精准确定战略定位和方向路径,"吨半粮"创建、中国食品名市建设、体育名城建设、中心镇建设、先进制造业强市建设、"三三倍增"实施、通道经济发展等大幕已徐徐展开,有序推进,全市上下同心同力、同德同向,聚人聚心、聚气聚力,推动高质量发展、创建高品质生活出现了开新局、育新篇、出新彩的良好态势,大家普遍感到德州形势从来没有像现在这样好,事情也从来没有像现在这样多。大事多、新事多、急事多、难事多。事多,反映我们整体工作在阔步前进;事多,反映我们整个事业在快速发展;事多,更需要领导

---

[①] 此文系作者于2022年3月3日在《德州日报》发表。

干部要有坚决的执行力。

现在,全市各级领导干部执行力大大增强,有力激活了德州赶超跨越的澎湃高潮,激活了领导干部干事创业的一池春水。照此发展下去,德州有着可以预见的光明前景,有着令人期待的美好未来。这一前景和未来,不是坐而论道喊出来的,不是坐吃老本吃出来的,不是四平八稳等出来的,而是撸起袖子干出来的,勇于拼搏拼出来的,担当执行争出来的。但与领导要求、群众需求和更高追求相比,我们在贯彻上级精神要求、执行市委决策部署、落实工作任务目标、完成交办事项中还存在执行标准不高、力度不大、速度不快、办法不多、能力不强、机制不全、奖惩不严、效果不好等现象。对此,我们必须直面问题,勇于担当,精准施策,持续用力推动解决。

一分部署,九分执行。俗话说:"千条万条不执行都是白条,千忙万忙不执行都是白忙,千招万招不落实都是虚招。"执行和落实是决策的归宿与生命。落实就是能力,执行就是水平。一个领导干部想不想抓执行、会不会抓执行、能不能抓执行,是考验其政治品质、执政能力的试金石。放弃执行,就是放弃领导责任;执行不力,就是工作不力;没有执行力,就没有战斗力。想执行没有理由,不想执行有一万个理由。美国海军陆战队指挥官在《没有任何借口》这本书中强调:"每一位学员要想尽办法去完成任何一项任务,而不是为没有完成任何一项任务去寻找借口。"可见,执行就是不折不扣,执行就没有任何借口。对我市领导干部而言,就是要做到:凡是市委、市政府作出的重大决策都必须坚决执行;凡是市委、市政府部署的工作都必须坚决完成;凡是市委、市政府领导交办的任务都必须坚决实现;凡是自己职责业务范围内的事都必须坚决干好。否则,再难得的机遇、再正确的思路、再美好的目标、再有力的措施、再优惠的政策，也只能是"镜中花、水中月"。正像有的领导所说：在德州不干事、干不成事，就不配做一名德州人，就不配做一名有德之人，就不配做一名厚德之人，就枉称"大德之州"。

习近平总书记在2021秋季学期中央党校中青年干部培训班开班式上指出："改革发展稳定工作那么多，要做好工作都要担当作为。如果不担当、不作为，没有执行力、战斗力，那是要打败仗的。"市委主要领导同志多次在会议上指出：要树立"没有执行就没有一切""一切工作重在执行"的鲜明导向，坚持实践实干实绩，不看形式，不看表面，关键看实效。因此，德州所有工作都要围绕有利于高质量发展开新局来展开，所有政策都要围绕有利于高质量发展开新局来制定，所有力量都要围绕有利于高质量发展开新局来配备，所有考核都要围绕有利于高质量发展来进行，所有执纪都要围绕有利于高质量发展来办理。而所有这一切，都要有坚决执行力来保障。进入新发展阶段，抓执行首先要提高政治站位，要通过执行的有力行动来体现胸怀"国之大者"，通过执行的生动实践来检验增强"四个意识"、坚定"四个自信"、做到"两个维护"、提高政治"三力"，通过执行的优良作风来诠释忠诚，通过执行的优异成绩来体现担当。

第一，坚持快又快，雷厉风行抓执行。"雷厉风行"是一种精神状态。要"严"如雷霆、"快"如疾风，闻风而动、有令则行、有禁则止，接到任务马上就去部署，第一时间快速反应；遇到问题马上就去解决，第一时间果断执行；出现矛盾马上就去处理，第一时间取得实效。"今日事今日毕，明日事今日计。"做到胸中有全局、眼中有问题、脑中有思路、手脚有行动，让马上就办、雷厉风行的高效作风成为德州领导干部的鲜明特质。"雷厉风行"是一种务实作风。要不变作风就变脸，不换思想就换人，对服务对象需要办的事应马上去办，不要绕一个请示、研究、下文的"怪圈"；上级安排的事应快速行动，不要走一个研究来、讨论去的"程序"；部门单位间需要协调的事应尽快拍板，不要你推我让、你来我往，使问题长期在空中"旅行"；创新突破的事应先干起来，不要什么事都讲"统一思想认识"，因为许多事由于人们角度、格局不在一个认知层次，事情开始时又常常不能完全统一，如果要求完全统一了再干，等于许多事情都不能干。许多事可以在干中统一认识，在干好、干成后把认识统一起来。"雷厉风行"是一种工作能力。面对任务要求、面对困难阻力，能够想得出思路"破题"、找得出办法"破冰"、拿得出措施"破局"。"快"不是不假思索、盲目行事，而是科学决策、依规行事；"快"不是嘴巴行千里、屁股坐屋里、行动在云里，而是脚踏实地、多干实事、快出成绩。

第二，坚持点对点，精准聚焦抓执行。精准不仅是一种思维、一种方法，更是一种态度、一种作风。要自觉涵养和运用精准思维，善于抓重点、抓关键、抓主要矛盾、抓矛盾的主要方面，真正做到用心用脑、精准精细抓执行。要聚焦重点。实现今年各项目标，任务非常繁重，工作千头万绪，市委梳理确定的重点工作，都采取了"六步工作法"，即列出"任务书"、制定"责任单"、绘制"流程图"、设定"时间表"、明确"标准线"、用好"考评账"，各级各部门要按照职责分工，牢牢把工作重点抓在手上，谋划好推进举措，当前干什么、重点抓什么、关键做什么，要心中有数，集中时间、集中精力、集中力量，全力攻坚，加快推进，务求突破。要聚焦问题。眼睛往下看，身子往下沉，脚步往下迈，深入实际、深入一线，真正把问题搞清楚，把症结搞明白，采取有针对性措施，及时加以解决，确保各项工作按进度顺利推进。要聚焦项目。对行政资源重新进行调整配置，实行"专班抓项目"，每个重大项目由一名市级领导负责、一个工作专班协调专抓、一套政策支持保障、一张进度表督促进度，设置时间节点，制定完成标准，挂图作战，绩效对账。这样一对一跟进，全过程服务，全要素保障，全力向前推进，使该抓的领导有抓手、应抓的部门有目标、想抓的同志有平台、具体抓的同志有权威，有效整合行政、组织和人财物资源，努力形成上下齐抓共管、左右协调配合、围绕中心抓发展、抓好项目促落实的工作局面。

第三，坚持人盯人，领导带头抓执行。桃子再甜，也得有人去摘；土地再肥，也得有人去耕；计划再好，也得有人去干。抓执行要人盯人、人对人、明确责任人、抓住关键人。一位政治家曾对地方领导干部讲过五句经典的话：第一句，"请你当领导是解决问题，而不是制造问题"。第二句，"如果你不能发现问题或解决不了问题，你本人就是一个问题"。第三句，"你能解决多大问题，你就坐多高的位置"。第四句，"你能解决多少问题，你就拿多少薪水"。第五句，"让解决问题的人高升，让制造问题的人让位，让抱怨问题的人下课"。"欲戴王冠，必承其重。"领导干部在其位就要谋其政、履其职、担其责、成其事。要带头正确决策。决策是任务目标能否顺利执行的基础和关键。什么是决策？就是听多数人的意见，与少数人商量，最后一个人说了算。权力+无知最可怕。所以，对重大行政决策要严格执行公众参与、专家论证、风险评估、合法审查、集体决定等法定程序。要"开门决策",逐步实现制度化,如研究经济工作的专项会议,可请企业家代表参加;民生决策,可请群众代表参与;专业决策,可请专家学者参与;社会治理决策,要全部进行风险评估;重大公益性决策,原则上要实行公开"听证"。决策召开会议要会而有议、议而能决、决而能断、断而能行、行而有果。会议决策后要言必信、行必果,讲话说一句是一句,句句算数;措施定一条是一条,条条算数;承诺说一个做一个,个个兑现;任务干一件成一件,件件落实。要带头担责负责。既要一级压一级,传导责任;又要一级带一级,作出示范。做到每一项部署、每一项工作、每一个环节、每一件事情都有人抓、有人管、有人做,奖励奖给具体人,板子打到具体人,绝不能把责任推给上面、摔给下面、抛给后面,真正把自己应承担的责任承担起来。要带头抓好执行。古人云:"做官都是苦事,为官原是苦人。""一把手"的"一",横着是扁担,扁担就要敢担当;竖起来是榜样,榜样就要作示范。所以凡要求别人做到的,自己首先做到,努力做精通业务的"政策通"、熟悉情况的"活方案"、一专多能的"多面手"、谋划创新的"智多星",成为又博又专的"复合型干部"。要带头冲锋在前。先锋不先锋,关键时刻敢冲锋;模范不模范,危难关头作示范。要有身先士卒的勇气、有向我看齐的锐气、有走在前列的正气,面对工作敢说"跟我来"、面对纪律敢讲"跟我学"、面对危机敢喊"跟我上",越是急难险重,越显英雄本色。要在"急"的一线增强应变能力,在"难"的一线增强协调能力,在"险"的一线增强驾驭能力,在"重"的一线增强执行能力。

第四,坚持实打实,务求实效抓执行。行胜于言,政贵在实。

实干是最美的语言，最好的领导方法。美国著名思想家巴士卡里雅指出："你在那个位置，就应该热爱这个位置，因为这里就是你发展的起点。"市委书记田卫东同志多次强调："要大力倡树'严、真、细、实、快'的工作作风，一字一字用心领悟、一字一字用心落实。"市委把一个地方、一个部门托付给你，不管是主管一方、还是分管一域，都是对你的信任，理应不负重托，不负厚望，无论身处哪个部门、哪个职位，都要热爱自己的职业和岗位，实打实地抓好各项工作落实。抓执行的思路要实。要清晰明确，既符合中央、省里要求，上接天线，又符合德州实际，下接地气，不能空对空，虚对虚，不合实际、不合市情。抓执行的措施要实。面对"一难两难多难"的复杂局面和"既要又要还要"的艰巨任务，必须坚持统筹兼顾，既要抓住"牛鼻子"，也要善于"弹钢琴"，学会运用重点论、辩证法，把方方面面的工作分出轻重缓急，合理布局力量，对大的重的打好攻坚战，对急的难的打好歼灭战，对薄的弱的打好持久战；必须坚持多目标决策，充分考虑生态、安全、发展、稳定、民生等诸多因素，兼顾上上下下、前后左右的重大关切，努力在多重目标中寻求动态平衡；必须坚持系统化推进，各项工作都要按上级部署，用一根线串起来、用一个纲统起来，达到"1+1>2"的效果。抓执行的工作要实。不急功近利、不急于求成、不做表面文章、不搞花拳绣腿，以钉钉子精神，一锤接着一锤敲，一天接着一天干，久久为功，持续用力，头拱地、向前冲，咬定青山不放松，不获全胜不收兵。抓执行的成效要实。干一件成一件，做一桩成一桩，真正攻下一批项目，解决一批问题，办成一批大事，让群众看到干部的作风在不断有新变化，我们的工作在不断有新进展，德州的形象在不断有新提升。

第五，坚持硬碰硬，敢于担当抓执行。敢于负责任，才能担重任。韩愈有篇文章叫《争臣论》，就是反对当官的为了"独善其身"，不讲是非，不敢负责。首先，要敢于牵头，善于配合。现在各项工作都是复杂的系统工程，牵一发而动全身，如果单打一、单向思维是很难做好的。无论是领导班子分工，还是部门科室职责，都要有牵头的、配合的。但现实中，存在该牵头的不敢不愿牵头、该配合的不积极不主动配合的问题，导致形不成工作合力。不配合的原因比较简单，觉得工作不单是我自己的事，不想出力、不想干活。"不敢牵"的原因相对复杂，有的责任心不强，有的本领不强，还有的大局观不强。要知道，市委、市政府是由各个部、各个局组成的，部长、局长管理的都是全市整体工作的一部分、一局部，但领导干部的一人一事系于整体，每招每策关乎全局。同时，角色是随着工作变化而不断变化的，今天你牵头、明天可能就是别人牵头，今天你配合、明天可能就是别人配合，所以牵头和配合都非常重要。如果大家都不担当、不配合，就会一盘散沙、各自为政、贻误事业。因此，该牵头的必须要敢于牵头、主动牵头、一牵到底；该配合的必须要积极配合、善于配合、全力配合，支持牵头的开展工作，主动献计出力，这才叫敢于担当。其次，敢于新官理旧账。铁打的营盘流水的兵。事业是在一代代接力中发展起来的，工作是在前一代基础上向前推进的，如果新官不理旧账，我们的事业就会停滞不前，工作基础就可能不牢固。由于我市历史遗留问题较多较复杂，很多人不愿去触碰，觉得出力不讨好，还可能会捅马蜂窝。要看到，无论是新账、还是旧账，都是民生账、发展账，既然接过事业的接力棒，就要担当起历史的所有账，既不能让现实问题变成历史问题，也不能把历史问题再留给历史。一方面，要端正态度、负起责任。对历史遗留问题，要全面梳理、依法依规，想方设法解决掉，绝不能视而不见，影响事业发展，影响党和政府形象。另一方面，要树牢为民情怀。对人民群众来说，他们不知道是哪一任的账，只关心账在哪一任能够解决。只要我们从群众利益出发，担起该担的责任，就一定能解决好遗留问题。最后，敢于触碰敏感问题。现在有种现象，有的同志到一个地方工作之前，会收到很多"善意"的提醒，这个问题太敏感，那个问题不好办，千万不要去揭盖子。敢于担当就要敢于触碰敏感问题。习近平总书记指出："越怕事越容易出事，越想绕道走矛盾就越堵着道。相反，只有豁得出去、敢闯敢干，下定'明知山有虎，偏向虎山行'的决心，真刀真枪干，矛盾和困难才可能得到解决。"一要抓早抓小。问题是客观存在的，藏不住、躲不掉、拖不没，不要以为不去触碰就不会出问题，越早处置越主动、越拖越被动，如果一开始捂着瞒着不去管，等到小事拖大、大事拖炸的时候，再去解决就晚了。对待问题，从早抓起、从小抓起，提前预警、提前预防，把隐患排查出来、解决掉，不能因为问题小就视而不见。二要分清轻重。敏感问题里面，有的是经济问题，有的是政治问题。对政治问题不能用经济思维来衡量，不能用一般方法来解决，必须保持政治敏锐性，强化政治担当，以政治方式完成政治任务。三要依法依规。干工作、作决策必须强化法治思维、坚持依法依规，否则一般问题就可能演变成敏感问题，到那个时候再去解决就难了。这要求我们一定要加强法律知识、党的纪律、政策法规的学习掌握，学会运用法治思维、法律方式处理问题。四要把握火候。敢于触碰敏感问题，不是乱干、瞎干、蛮干，一定弄清敏感之处在哪里，问题根源是什么，一定要坚持"适时＋及时"，采取精准有效措施处置到位，决不允许把点上问题变成面上问题、把区域问题变成全局问题、把行业问题变成系统问题。

　　第六，坚持细更细，具体周密抓执行。天下大事必作于细，古今事业必成于实。细节决定成败。习近平同志强调："要聚焦、聚神、聚力抓落实，做到紧之又紧、细之又细、实之又实。"小事做不好、细节不注重，妨碍的是大局、全局。领导干部要把"大处着眼"与"小处着手"、"细处着力"有机结合起来，下足"绣花"功夫，精雕细琢，把小事做好，把大事做细。因为工作都是具体的，要干好工作必须狠抓具体。弄清具体情况、研究具体招法、观察具体变化、解决具体问题，实属干好工作的要领、要招、要旨、要害。在执行中抓具体之所以重要，是因为它体现着特殊性，即使是"老套活"，由于时间、地点、条件的变化，也会有些不一样。在执行中抓具体之所以重要，也在于我们的体制机制还有些弊端，容易扯皮。在执行中抓具体之所以重要，还在于我们进行的是开拓性的事业，常常碰到预料不到的问题。现在，我们个别领导干部不懂得抓具体的重要意义，工作不艰苦、不细致、不扎实，谈问题似是而非，讲道理肤浅表面，习惯用"大概""或者""也许""好像""恐怕""差不多"等模棱两可的词语，造成许多问题看不到、想不到、抓不到、解决不了，首要原因就在于失之于"粗"、失之于"虚"。德州正处于发展的关键时期，事多事难。多，应该是拼命工作、讲究方法的理由，而不能作为大而化之、笼而统之的托词；难，应该是兢兢业业、扎扎实实的根据，而不能作为推脱逃避的借口。抓工作一落实就具体，一具体就深入，要抓实抓细抓具体，从细处入手，善于小中见大、以小博大，找准牵一发而动全身的具体事、具体环节、关键细节，做细做实、落细落小、周密周全，打通"最后一公里"。同时，领导干部不能光用"声音"指挥，要用"身影"指挥。"龙头怎么甩，龙尾怎么摆。"不能当"甩手干部""挥手干部""背手干部"，要直面矛盾不"缩手"，深入一线不"甩手"，抓住关键不"放手"，在矛盾面前勇于迎难而上，该出手时就出手，看准关键不松手，干不成事不放手。要大力推广"专班推进法""点对点工作法""一线工作法"，小切口、硬举措、准发力，抓项目的要到现场、管工程的要进工地，抓流通的要去市场、管宗教的要去宗教场所，坚持领导在现场指挥，干部在现场锻炼，经验在现场总结，感情在现场升华，政绩在现场创造，形象在现场树立，把每一项工作、每一件事情都做成精品，做到"出手必出色，完成必完美"。

第七，坚持新日新，创新机制抓执行。创新是工作突破之源。现在情况千变万化，形势日新月异，老办法解决不了新问题，老思路破解不了新困难。困难、困难，困在家里就难，走出去就不难。外面的世界很精彩，待在家里很无奈。必须改进工作方法，创新工作办法。古人云："苟日新，日日新，又日新。"这就要求我们勤于自省，不断革新，工作执行中没有办法可以想办法，没有方案可以出方案，把应该办而又"行不通"的工作变成"行得通"。一是创新"责任管理"机制。每一项工作都要建立横向到边、纵向到底的责任制，制定责任清单，定目标、定任务、定人员、定时间、定奖惩，做到"一切工作具体化、具体工作项目化、项目管理责任化、责任落实高效化"。二是创新"效率管理"机制。下决心优化项目流程，建立各级部门和企业、群众之间"政策直通车",确保企业和群众第一时间知晓政策,谁负责制定或执行政策,谁就要提供配套办理流程图,让企业和群众知道怎么办、找谁办、在哪儿办,努力实现"政策"和"落地"之间的"零距离"。三是创新"精准督查"机制。督查要重实地、查实情、见实况,不能依靠看照片、看资料、看台账,更不能依据"留痕"多少、优劣来评价工作好坏。比如,督查招商引资,不能只看签了多少协议或合同,要看到位资金、看项目开工率、看落地项目形象进度和实物工作量,充分发挥督查在推动执行中的"利剑"作用。四是创新"写实考核"机制。考核重在看发展、看变化,以实绩论英雄。要科学设置考核指标,讲究差异化,不搞"一刀切"。五是创新"公开监督"机制。要更加注重各项工作的群众获得感,把评判权交给服务对象和群众。比如,评价经济主管部门,要组织企业和市场主体打分;评价社会管理部门,要组织市民和群众代表打分。六是创新"条块协同"机制。建立部门和基层联建联创机制,在项目建设、创城创卫、安全生产等方面实现条块捆绑、条块协作、条块结合,对一些重点工作既要考核属地责任,也要考核部门责任,推动形成部门和基层责任共担、利益共享、齐抓共管的工作格局。七是创新"电视问政"机制。市直部门和县市区主要负责同志,每年初对自己本职工作、市里安排的重点任务,在新闻媒体上向社会公开承诺。市级调度的重点项目、重点工作,每季在媒体公布进度、责任单位和责任人,接受社会监督。

第八,坚持好上好,增强本领抓执行。愿不愿抓执行,是工作态度问题;能不能抓执行,是工作机制问题;会不会抓执行,是工作能力问题。如何增强抓执行本领?关键要做到善学、善作、善成、善防。一要增强"善学"的本领。学习是立身之本、干事之基、进步之阶。领导力首先是思想力，思想力取决于学习力。最优秀的人，是最有学习力的人。学习力是优秀的原动力，是人与人之间差距的根源，没有学习力就没有竞争力，优秀的人一定是学习力强的人。现在，领导干部思维上的差距、本领上的短板、能力上的不足、知识上的弱项、视野上的局限，越来越突出地表现出来。要加快知识更新、优化知识结构，补齐知识弱项、能力短板、经验盲区，克服本领不足、本领恐慌、本领落后。持续深入学习贯彻习近平新时代中国特色社会主义思想，学习"四史"，学习经济、法律、文化、社会、管理、生态、国际等多方面基础性知识，学习同做好本职工作相关的新知识新技能，不断完善履职尽责必备的知识体系，掌握工作制胜的看家本领。人在事上练，刀在石上磨。要加大干部培训力度，有针对性地选送一批优秀科级、县处级干部到省直部门、发达地区挂职学习，遴选一批干部交流任职，选派一批干部下基层锻炼，在实战摔打中成长进步。二要增强"善作"的本领。环境越艰苦、斗争越复杂、局面越危险，越要迎难而上。领导干部要敢接"烫手山芋"，敢解"老大难"问题，努力扛起事业发展的"千钧担"、当好解决问题的"主攻手"、争做改革创新的"急先锋"、化解纷争的"金钥匙"、引领发展的"领头雁"。三要增强"善成"的本领。干部如同赛跑，"不看起跑看撞线"，要用结果来检验。"善成"很重要的一点，就是专业化运作，用专业的人干专业的事。要着力提升专业思维、专业素养、专业方法，干一行爱一行、钻一行精一行，法律法规、政策要求、具体规定必须信手拈来，底数、现状、问题、措施必须一目了然，点上、线上、面上情况必须心中有数，绝不能做

"心中无数决心大、无知者无畏"的莽汉。四要增强"善防"的本领。衡量干部抓执行的本领，一个重要标准就是既干成事又不出事。如果一个地方和部门今天这里"点火"、明天那里"冒烟"，疲于应付，哪还有时间精力抓执行？要着力提高领导干部处置突发事件、舆论引导、风险防范化解的能力，组织部门对敏感领域和重点岗位的干部选拔任用，要对拟用人选进行"应对风险能力"评估，优先考虑经过实践斗争历练的干部，对不适应岗位的及时调整，切实提高领导干部抓执行的"真本领""硬功夫"。

第九，坚持奖重奖，正向激励抓执行。美国哈佛大学教授詹姆斯对激励问题研究后得出结论：如果没有激励，一个人的能力发挥不超过20%～30%；如果施以激励，一个人的能力可发挥到80%～90%，两者相差60个百分点。心理学研究表明，人的行为源于需求，需求产生动机，动机支配行为，行为趋向目标。优秀的领导者善于从满足人的需求出发，运用各种激励手段，充分调动人的积极性，从而实现领导目标。一是奖票子。绩效考核是"风向标"，更是"指挥棒"，把这个"风向标""指挥棒"用好，就能更加科学、更加精准、更加高效地推动工作。要对高质量发展综合绩效考核荣获一等奖、单项奖和进步奖的县市区进行重奖。要奖得心动、奖得眼红、奖出积极性。二是奖位子。位子，人们都在追求，因为它涉及一个人的前途和命运。给位子，体现一个领导的正气，反映一个地方的风气。一个地方的人心顺不顺，人气旺不旺，面貌变不变，关键在位子给得公不公。只有有能力的干部得到提拔，干部积极性才能得到提高，组织威信才能提升，经济发展才能提速。要对想干事、愿干事、干成事、不出事的干部大胆提拔使用，使干部觉得有干头、有盼头，吃苦不吃亏，吃苦又吃香。三是奖面子。林语堂说，争脸是人生的第一要义。人区别于低级动物的重要标志，就是人具有精神上的高层次需求。奖面子就是根据人的这种高层次需求，依据个人工作上作出的成就，运用多种手段，使被奖励者实现这种愿望，从而极大地调动人的积极性、主动性、创造性。首先，建立荣誉表彰制度，重点表彰在从严治党、疫情防控、抢险救灾、产业发展、乡村振兴、征地拆迁、项目建设、维稳处突、优化环境或在争取国家、省优惠政策、资金、项目以及领导交办事项中表现突出的集体和个人，及时给予记功、嘉奖、通报表彰、领导批示表扬或口头表扬，在推选"两代表一委员"、评先评优时优先考虑。其次，树立典型榜样。榜样是"看得见的哲理"，其力量是无穷的。典型多，说明干事创业的氛围浓；榜样多，说明全市上下风气正。每年要在全市评选干实事、强执行、促发展中表现突出的50名科长、50名公务员、10名乡镇党委书记、100名村党支部书记，把鲜花和掌声献给实干者，激励大家学先进、赶先进、争先进。最后，及时容错免责、纠错改错。经认定符合容错免责情形的，可以在以下方面免责：干部提拔任用、职级晋升、职称评聘不受影响；党风廉政建设责任制考核和经济社会发展考核不受影响；县市区、部门和个人平时考核、年度考核、任期考核及评选树优、表彰奖励不受影响、不作负面评价；"两代表一委员"和后备干部资格不受影响。四要奖保障。身心健康是干部干事创业、担当作为的基本条件，保障和增进干部身心健康是关心关爱干部的重要举措，要从健康体检、心理疏导、医疗保障、服务保障、人文关怀等方面制定关心关爱干部身心健康的具体措施，以组织温情激发干部干事热情。五要奖关怀。坚持"惩前毖后、治病救人",做好受处理处分干部管理使用的"后半篇文章",是激励干部担当作为的"暖心工程"。要对近年来被问责和受处分干部的情况进行一次全面梳理,通过谈心谈话、结对帮带、专项考核等方式,跟进其思想动态、工作表现,防止一"处"了之、一"问"了事,教育帮助那些有缺点、犯过错、被问责、受处分的干部改正不足、重新出发,再燃干事创业激情。

第十,坚持严又严,反向警示抓执行。"保证完成任务""坚决执行命令"是下级服从上级的基本要求。抓好工作执行,刚性执纪是保障。惩处没有震慑力,宣传教育就没有说服力,规定制度就没有约束力。猛药去病,重典治乱。刮骨才能疗毒,去腐才能生肌。抓执行与治重病一样,对长期存在的各种突出问题,必须下重拳、出狠招、治弊病。要坚决查处不抓执行的人和事,建立纪律问责、干部使用、经济利益、舆论导向"四挂钩"制度,做到违纪必究、失职必究、失察必究、执行不力必究,切实用鞭打"蜗牛"来激励"快牛",让事不关己的"二掌柜"、不负责任的"二传手"没有空间,让不愿执行的"踢皮球"、消极懈怠的"不作为"没有市场,确保市委、市政府各项决策部署落到实处。一是市纪委监委负责落实与责任追究挂钩。对干部为官不为、执行不力等问题,及时进行提醒、函询和诫勉;经教育提醒、诫勉处理没有改正或者改正不明显的,视情况采取调离岗位、改任非领导职务、责令辞职、免职、降职等方式予以组织调整;对工作极不负责、拒不执行,造成一定后果的,分别给予责任人纪律处分,失职渎职涉嫌违法犯罪的,移送司法机关依法处理。二是组织人事部门负责落实与干部使用挂钩。严格执行《县市区高质量发展综合绩效考核办法》《市直机关绩效考核办法》和市委《关于对不担当作为干部实行召回管理的意见》，做到考核科学、兑现及时、惩处有力。三是市财政局负责落实与经济利益挂钩。对市直行政事业单位因执行不力被追究责任的，视情况扣减该单位工作经费，对县市区给予一定数量的罚款。四是市委宣传部负责落实与舆论监督挂钩。要采取文件、报纸、广播、电视、网络等方式公开曝光执行不力的反面典型，坚持"点名道姓"，具体到人到事，做到"不回避、不遮掩、不袒护"。

总之，只要全市领导干部思想同心、目标同向、行动同步、执行同力，定会凝聚起干事创业的强大合力，定会有一个更加精彩的德州，也定会交出"十四五"开局之年的优异答卷。只有这样，每名领导干部可以自豪地说：为德州的发展，我尽职了；为德州的百姓，我尽责了；为德州的事业，我尽心了。我无愧于这个伟大的时代，无愧于组织的重托，无愧于德州大地，无愧于561万父老乡亲！